신뢰성과 투명성을 위한 설명 가능 인공지능

AI문고

인공지능 시대입니다. 기계가 인간의 인지를 대신하고, 사물이 인간을 통하지 않고 다른 사물과 직접 커뮤니케이션합니다. 이에 따른 인간 삶과 문명 변화를 정확히 이해·예측·대응하는 것은 이 시대 우리 모두의 과제입니다. AI문고는 인공지능 기술과 환경의 여러 주제를 10가지 키워드로 정리합니다. 관련 개념과 이론, 학계와 산업계의 쟁점, 우리 일상의 변화를 다룹니다. 인간과 기술의 현재, 미래를 세심히 분석합니다.

일러두기

- 인명, 작품명, 저서명, 개념어 등은 한글과 함께 괄호 안에 해당 국가의 원어를 병기했습니다.
- 외래어 표기는 현행 어문규정의 외래어 표기법을 따랐습니다.

처음이세요?

전문가세요?

신뢰성과 투명성을 위한 설명 가능 인공지능

전진권

대한민국, 서울, 커뮤니케이션북스, 2025

신뢰성과 투명성을 위한 설명 가능 인공지능

지은이 전진권
펴낸이 박영률

초판 1쇄 펴낸날 2025년 5월 9일

커뮤니케이션북스(주)
출판 등록 2007년 8월 17일 제313-2007-000166호
02880 서울시 성북구 성북로 5-11
전화(02) 7474 001, 팩스(02) 736 5047
commbooks@commbooks.com
www.commbooks.com

ISBN 979-11-430-0039-2 03500

책값은 뒤표지에 표시되어 있습니다.

차례

블랙박스 인공지능의 위험과 설명 가능 인공지능의 필요성 vii

01 설명 가능 인공지능의 시작 1

02 딥러닝의 시대와 인공지능의 불투명성 9

03 불투명성의 원인과 설명 가능 인공지능의 재조명 23

04 설명 가능 인공지능의 원리 31

05 설명 가능 인공지능의 구현 39

06 설명 가능 인공지능 모델의 분류 49

07 설명 가능 인공지능의 응용 57

08 이해를 위한 설명 가능 인공지능 67

09 사회를 위한 설명 가능 인공지능 77

10 설명 가능 인공지능의 도전과 미래 87

블랙박스 인공지능의 위험과 설명 가능 인공지능의 필요성

여기 최신 기술로 제작된 성능 좋은 자동차가 있다. 이 자동차는 강력한 엔진과 뛰어난 연비를 자랑하며, 그 어떤 차량보다도 빠르고 효율적이다. 그런데 막상 운전석에 앉아 보니, 앞 유리가 검은색으로 칠해져 있어 앞이 잘 보이지 않는다. 당신이라면 이 차를 타겠는가?

약간 과장을 보태면 이 자동차와 현재 인공지능의 상황은 비슷하다. AI는 다양한 분야에서 뛰어난 성능을 자랑하며 우리의 일상과 산업 전반을 빠른 속도로 재편하고 있다. 인공지능은 의료, 금융, 법률, 교육 등 인간의 복잡한 의사 결정을 보조하거나 자동화함으로써 효율성과 정확성을 크게 향상시키고 있다.

그러나 이러한 기술적 진보는 동시에 새로운 문제를 야기한다. 신경망과 학습 데이터의 규모가 커질수록 연산 과정의 복잡성이 기하급수적으로 증가하기 때문에, 외부에서 의사 결정 과정과 논리를 파악하기가 점점 더 어려워지고 있다.

그로 인해 발생하는 위협을 블랙박스(Black Box)의 문제라고 부른다. 여기서 블랙박스라는 은유는 인공지능이 들어가는 입력 데이터(Input Data)와 AI가 내보내는 결과만 알 수 있을 뿐, 내부 과정(Process)을 알 수 없는 시스템이라는 것을 의미한다. 이런 시스템은 내부 과정을 들여다볼 수 없는 불투명성(Opacity)을 가진다.

블랙박스 문제는 최근까지 크게 주목받지는 못했다. 학계와 연구자들은 AI의 성능 향상에 집중하면서, 결정 과정의 투명성 부족은 부차적인 문제로 취급해 왔다. 그러나 인공지능이 활용되는 영역이 크게 증가하면서 불투명성에 대한 우려가 커지고 있다.

관련 사례로 젠더 셰이드(Gender Shade) 프로젝트의 연구 결과를 소개한다. 이 프로젝트의 목표는 AI가 인종에 대해 성능 차이가 있는지 검증하는 것이었다. 이를 위해 연구진은 IBM, 마이크로소프트, Face++사의 얼굴 인식 AI를 분석하였다. 결과는 놀라웠는데, 모든 인공지능 모델이 인구 집단별로 큰 차이를 보였기 때문이다(Buolamwini, 2018). 조사된 모든 모델은 남성보다 여성에서 오류율이 높았다(8.1%~20.6%). 유색 인종 또한 오류율이 높았으므로 가장 큰 차이는 백인 남성과 흑인 여성 사이에서 발생했다(약 34.7%).

중요한 점은 이 인공지능 모델들은 평균적으로는 매우 높은 정확도(97% 이상)를 가졌다는 사실이다. 즉, 특정한 집단에 대해서만 정확도가 떨어지는 것이다. 그렇기 때문에 전체적인 성능만으로 시스템을 올바로 평가할 수 없다.

이런 편향성을 가진 인공지능의 사용은 차별로 이어질 수 있기 때문에 사회적, 윤리적으로 용인될 수 없다. 그러나 문제는 인공지능의 불투명성으로 인해 이와 같은 문제점을 찾아내기가 극히 어렵다는 데 있다. 위 연구에서도 인종과 성별에 따른 편향을 검증하기 위한 특별한 데이터 세트를 개발하고 분석하는 추가적인 노력이 필요했다. 이는 많은 시간과 비용을 요구한다. 특히 상용 시스템을 운영하는 기업은 시간과 비용 절감을 우선하기 때문에 이런 문제를 검증하거나 수정하는 절차를 회피하기 쉽다.

출신 지역에 따라서 은행의 인공지능이 대출을 거절한다면 당신은 그 결과를 납득할 수 있겠는가?

입학시험에서 여성이란 이유로 탈락한다면? 비슷한 문제가 의료, 금융, 광고, 법률 등 여러 영역에서 이미 발생했으며 앞으로 빈도가 늘어날 것이다. AI의 활용이 확대되면서 결과의 신뢰성, 공정성, 책임성이 중요해졌지만, 블랙박스 문제로 인해 이러한 가치를 보장하기 어려운 상황이 자주 발생하고 있다.

블랙박스 인공지능의 문제와 투명성의 필요성

블랙박스 인공지능의 잠재적인 위험성을 보다 구체적으로 살펴보면 다음과 같다.

기술 향상과 시스템 유지의 문제

블랙박스 인공지능은 알고리즘의 작동이 불투명하므로 오류 발생 시 원인을 파악하기 어렵고 디버깅 및 개선이 어렵다. 또한 성능에도 문제를 야기한다. 데이터의 편향, 모델 과적합(Overfitting) 등은 인공지능 시스템의 성능과 정확도를 떨어뜨리는 대표적인 걸림돌인데 불투명한 시스템의 경우 이런 문제의 존재를 인지하고 수정하기 어렵다. 시스템 운영의 측면에서도 시스템의 불투명성은 학습 데이터나 환경 변화에 대응해야 하는 상용 인공지능 시스템이 잠재적인 문제를 신속히 진단하고 수정하기 어렵게 만든다. 예를 들어 금융 AI 시스템이 새로운 시장 데이터를 제대로 반영하지 못하거나 의료 AI가 최신 의료 지침에 맞지 않는 판단을 내릴 경우, 이를 식별하고 조정하는 데 상당한 시간이 소요될 수 있다.

신뢰성의 문제

어떤 인공지능도 완벽하지 않으며 종종 오류를 범한다. 오류가 발생했을 때 불투명성은 원인을 파악하고 교정하는 과정을 어렵게 하거나 지연시킨다. 결과의 타당성이 의심된다면 사용자는 시스템을 신뢰하지 않을 것이다. 예를 들어 의료 인공지능이 특정 치료법을 추천하더라도 근거를 명확히 설명하지 못하면 환자는 처방을 신뢰하고 따르지 않을 것이다.

책임 소재의 불명확성

인공지능 시스템은 데이터 수집, 전처리, 모델 학습, 결과 도출 등 여러 단계를 거쳐 만들어진다. 블랙박스 인공지능은 오류 발생 시 어느 단계에서 책임이 발생하는지 불분명하다. 예를 들면, 자율 주행차가 사고를 일으켰을 때 소프트웨어가 문제인지, 차체의 오류인지, 데이터의 문제인지 명확히 규명하기 어려워진다.

법적, 윤리적 문제

블랙박스 인공지능은 결과의 공정성과 윤리적 정당성을 검증하기 어렵기 때문에 사회적 문제를 일으킬 가능성이 높다. 예를 들면 인공지능은 학습 데이터에 내재된 편향을 학습하여 특정 인구 집단에 불리한 결정을 내릴 수 있다. 블랙박스 인공지능의 경우에 이런 문제를 발견하기 어려우며 이는 사회적 불평등으로 이어질 수 있다.

이처럼 블랙박스 인공지능은 전방위적 문제를 야기할 수 있다. 특히 의료, 법률, 금융, 군사, 복지와 같은 고위험(High-stake) 분야에서는 잘못된 결정이 치명적인 결과를 초래할 수 있기 때문에 블랙박스 AI의 사용에 대한 우려가 더욱 증폭된다.

블랙박스를 극복하는 방법: 알고리즘 투명성

블랙박스 문제로 인한 위험에 대한 근본적인 대응책은 알고리즘 투명성(Algorithmic Transparency)을 확보하는 것이다. 이 용어는 2016년 디아코풀로스(Nicholas Diakopoulos)와 콜리스카(Michael Koliska)가 제안했으며 인공지능의 안전과 신뢰성을 보장하기 위한 핵심 원리로 널리 인정받고 있다(Diakopoulos & Koliska, 2016).

알고리즘 투명성은 사용자, 규제 기관, 그리고 시스템

에 의해 영향을 받는 사람들에게 알고리즘이 내리는 결정에 영향을 미치는 요소들이 보이거나 투명하게 드러나야 한다는 원칙이다.

유럽의 경우 2018년 발효된 일반 정보 보호 규정(General Data Protection Regulation)에서 투명성을 중요 원리로 규정하고 그를 위해 모든 사용자에게 설명의 권리(Right to Explanation)를 보장하도록 했다. 설명의 권리는 데이터의 사용자나 소유자가 인공지능이 내린 결정 과정과 이유에 대한 설명을 그 데이터를 사용하는 기업이나 단체에 요구할 수 있는 권리다(Goodman & Flaxman, 2016). 또한 2024년 통과된 인공지능법(AI act)은 위험성이 있는 인공지능 시스템의 운영자에 대해서 투명성 의무를 부과하고 위반 시 벌금을 강제한다.

미국의 경우에도 2022년 발표된 AI 권리 장전(AI Bill of Rights)에서 차별과 프라이버시를 보호 받을 사용자의 권리를 규정하며 이를 위해 공지와 설명(Notice and Explanation)의 의무를 부과한다. 공지와 설명의 의무는 자동 시스템이 사용되고 있다는 것을 인지하고 시스템이 사용자에게 주는 영향을 제대로 이해할 수 있을 권리로 규정된다. 이를 구체화하기 위해 입법이 진행 중인 인공지능 책임법(Algorithmic Accountability Act)에서는 인공지능을 사용하는 모든 기업에 사용자에 대한 영향 평가(Impact Assessment)의 실시와 투명한 공개를 의무화할 것으로 예상된다.

한국도 이런 흐름에 적극적으로 동참하여 2020년 AI 기술의 개발 및 활용 과정에서 윤리적 가치와 책임을 지키기 위한 인공지능 윤리 기준을 제정했다. 이 기준은 인간의 존엄성, 사회의 공공선, 기술의 합목적성을 목표로 제시하고 이를 실현하기 위한 기본 원칙 중 하나로 투명성을 규정하고 있다. 여기서 투명성은 AI 활용 시 적합한 수준의 설명 가능성을 보장해야 하며, AI 기반 제품이나 서비스 제공 시 발생 가능한 위험 등의 유의사항을 사전에 고지하는 의무로 규정된다. 또한 2024년 말에 통과된 AI 기본법에도 투명성과 관련된 법 조항이 포함되었다. 이 법은 특히 고영향/생성형 인공지능에 대해서 투명성 확보를 의무화하고(31조), 영향 평가(35조)를 실시하도록 규정하고 있다.

이처럼 투명성과 설명의 권리는 인공지능의 안전성을 확보하고 이용자의 권리를 보호하기 위한 핵심 원리로 세계적으로 인정되고 있다.

그러나 문제는 어떻게 인공지능의 투명성을 확보하느냐는 것이다. 이 목적을 달성하려면 다방면의 노력이 요구된다. 국가는 법률 및 규제 제정과 같은 제도적 노력을 해야 하고, 시민사회 또한 감시와 거버넌스 체계에 참여해야 한다. 시민들에게는 인공지능 리터러시(AI Literacy)를 향상시키는 교육 및 인식의 제고가 필요하다.

여기에 더해 반드시 필요한 것이 기술적인 역량이다. 적절한 기술적 수단이 뒷받침되지 않으면 투명성을 위한 어떤 노력도 무용하기 때문이다. 이러한 투명성을 위한 기술 개발의 최전선에 있는 것이 바로 설명 가능 인공지능(Explainable or Interpretable Artificial Intelligence, XAI)기술이다.

투명한 유리박스 인공지능을 위한 설명 가능 인공지능

설명 가능 인공지능의 목표는 불투명한 블랙박스 인공지능을 내부가 들여다보이는 유리박스로 만드는 것이다. 이를 위한 설명 가능 인공지능은 인공지능(AI) 시스템의 작동 방식과 의사결정 과정을 인간이 이해할 수 있도록 명확하게 설명할 수 있는 기술과 방법론으로 정의된다(Gunning, et al. 2019). 이 정의에서 중요한 요소는 '이해(Understanding)'와 '설명(Explanation)'이다. 이

두 요소는 설명 가능 인공지능의 핵심 목표가 되며 블랙박스 인공지능과의 차별점을 부여한다.

이를 위해 설명 가능 인공지능 기술에서는 설명을 만들기 위해 설계된 특별한 종류의 알고리즘이 사용된다. 이 알고리즘은 설명 대상인 인공지능의 정보를 입력받아 해석하고 이를 바탕으로 설명을 생성하는 기능을 한다. 그러므로 설명 가능 인공지능이 하는 일도 일반적인 AI와 다를 바 없다. 다만 일반 AI가 데이터를 받아서 처리를 하는 알고리즘이라면, 설명 가능 인공지능의 경우에는 설명대상 AI에 대한 정보를 받아서 처리를 하는 알고리즘이다. 따라서 설명 가능 인공지능을 '인공지능을 설명하는 인공지능'이라고도 할 수 있다.

그런데 중요한 것은 설명 가능 인공지능의 경우 결과물이 반드시 인간이 이해하기 쉬운 형태여야 한다는 조건이 붙는다는 점이다. 이 맥락에서 '이해'란 사용자가 단순히 결과를 받아들이는 것을 넘어서서 사용자가 인공지능 시스템의 결정 과정을 알 수 있고 결정을 내린 이유를 파악할 수 있어야 한다는 조건이다. 따라서 설명 가능 인공지능이 생성한 '설명'은 인간의 인지적 능력에 적합한 분량, 매체, 형식, 내용 등을 갖춰야 한다.

용어의 혼동을 막기 위해 해석 가능 인공지능

(Interpretable AI)과 설명 가능 인공지능(Explainable AI) 용어의 차이도 살펴볼 필요가 있다. 두 용어는 비슷하지만 약간 다른 뉘앙스를 가지고 있다. 해석 가능 인공지능은 인공지능 시스템의 내부 작동과 구조를 상대적으로 더 강조하는 반면 설명 가능 인공지능은 결과에 대한 이유를 설명하는 데 보다 중점을 둔다. 그러나 두 용어의 차이는 크지 않으며 학계에서도 둘을 명확히 구분하여 사용하지 않고 있다. 따라서 이 책 또한 두 용어를 굳이 구분하지 않고 모두 '설명 가능 인공지능'으로 옮길 것이다. 사실 이 둘은 상호 보완적인 관계로 설명의 궁극적인 목적은 두 접근 방식을 결합하여 인공지능의 신뢰성을 향상시키는 데 있다.

설명 가능 인공지능의 역할

설명 가능 인공지능은 장래 AI의 투명성을 위해 기여할 것으로 기대를 받고 있다. 그 역할을 크게 기능적, 설명적, 사회적 측면으로 구분할 수 있다.

기능적 측면

이것은 AI의 개발, 성능 향상, 오류 수정을 위한 설명 가능 인공지능의 역할이다. 이 맥락에서는 모델의 내부 작동 과정과 신경망의 구조를 명확하게 이해될 수 있도록 만드는 것이 중요하다. 이를 위한 설명 가능 인공지능은 세부적으로 다음과 같은 역할을 할 수 있다.

· 기술적 오류 수정: AI 시스템의 작동 과정에서 발생할 수 있는 결함이나 오류를 식별하고 이를 해결할 수 있는 기반을 제공.

· 시스템 최적화: 시스템의 성능을 개선하기 위해 알고리즘, 데이터, 매개변수 등이 작동하는 방식을 심층적으로 분석하고 최적화.

· 예측 가능성 확보: 모델의 동작과 결과를 예측하여 예기치 않은 동작이나 위험을 사전에 방지.

설명적 측면

이 역할에서 설명 가능 인공지능의 목적은 사용자가 이해하기 쉬운 설명을 제공하는 것이다. 이 측면이 중요한 이유는 사람마다 모두 다른 이해 능력을 가지고 있기 때문이다. 예를 들면, 인공지능 전문가에게는 세부적이고 기술적인 설명이 적합하지만, 비전문가에게는 직관적이고 간단한 설명이 적합하다. 궁극적으로 높은 수준의 설명적 투명성을 달성하려면 개인화된(personalized) 설명이 요구된다. 이를 위해 설명 가능 인공지능은 다음과 같은 역할을 할 것으로 기대된다.

· 이해 가능한 설명: 기술적 배경이 부족한 사용자도 AI의 행동을 이해할 수 있도록 직관적이고 간단한 설명을 제공한다.

· 결과 이해와 신뢰 형성: 사용자로 하여금 AI의 결정이나 예측 결과에 대한 이유를 이해함으로써 결과를 신뢰하게 한다.

사회적 측면

사회적 투명성은 AI 시스템이 사회적, 윤리적, 법적 맥락에서 신뢰받을 수 있도록 만드는 투명성의 측면이다. 이는 AI가 사회적 가치나 법적, 윤리적 질서를 해치지 않도록 방지하는 데 초점을 둔다. 사회를 위해 설명 가능 인공지능은 다음과 같은 역할을 할 것이다.

· 공정성과 차별 방지: AI가 사회적 편견을 강화하거나 차별적인 결과를 초래하지 않도록 감시하고 개선한다.

· 법적 요구 감사(Auditing): 데이터 보호 및 설명의 권리와 같은 법적 규정을 준수하는지 검사하고 보장하는 도구 제공.

· 책임성과 신뢰 구축: AI의 결정이 사회적으로 책임

감 있고, 사용자 및 관련 이해관계자들에게 신뢰를 제공할 수 있도록 한다.

이처럼 설명 가능 인공지능은 다차원적인 역할을 할 것으로 기대되고 있다. 그것은 단순한 기술적 도구의 역할을 넘어, AI의 신뢰성과 안전한 이용을 위한 필수적인 기술로 발전할 것이다. 이 책을 통해, 우리는 어떤 기술적 접근을 통해서 이들 목표가 구현되고, 실제로 활용될 수 있는지 살펴볼 것이다.

참고문헌

과학기술정보통신부(2024). 인공지능 산업 육성 규제 근거 마련...'AI 기본법' 국회 통과. 정부24, https://www.gov.kr/portal/ntnadmNews/4124183

Buolamwini J. & Gebru T.(2018). Gender shades: Intersectional accuracy disparities in commercial gender classification. In: *Proceedings of Conference on Fairness, Accountability and Transparency*, Association for Computing Machinery, pp.77-91.

Diakopoulos, N. & Koliska, M.(2017). Algorithmic transparency in the news media. *Digital journalism*, 5(7), pp.809-828.

Future of Life Institute(2024). The EU Artificial Intelligence Act: Up-to-date developments and analyses of the EU AI Act. https://artificialintelligenceact.eu.

Goodman, B. & Flaxman, S.(2017). European Union regulations on algorithmic decision-making and a "right to explanation". *AI magazine*, 38(3), pp.50-57.

Gunning, D., et al.(2019). XAI—Explainable artificial intelligence. *Science robotics*, 4(37), eaay7120.

THE WHITE HOUSE(2022). Blueprint for an AI Bill of Rights. https://bidenwhitehouse.archives.gov/ostp/ai-bill-of-rights

01
설명 가능 인공지능의 시작

설명 가능 인공지능은 초기 인공지능의 기호 기반 접근법에서 전문가 시스템으로 이어지는 기술 발전 과정에서 등장했다. 이 장에서는 설명에 대한 요구가 왜 등장했는지, 그리고 설명 기능이 사용자 신뢰 확보와 시스템 개선에 있어서 어떤 역할을 했는지를 살펴볼 것이다.

AI와 1인 창업?

초기 인공지능

인공지능 연구는 1950년대 앨런 튜링(Allen Turing)의 선구적인 연구와 다트머스 워크샵(Dartmouth Workshop)에 모인 연구자들에 의해 시작되었다. 이때 개발된 초기 인공지능은 주로 기호 기반 접근법(Symbolic Approach)에 의존했으며, 이는 종종 GOFAI(Good Old-Fasshioned AI)로도 불린다. 이 고전적인 인공지능 방법론은 논리적 규칙과 명시적인 지식 표현을 사용하여 지능적인 기계를 만드는 것을 목표로 했다.

이 방식의 핵심은 '만약 A라면 B를 수행하라'는 형태의 규칙 집합을 바탕으로 인공지능을 작동시키는 것이다. 이를 위해 반드시 인간 전문가가 특정 문제를 해결하기 위한 지시들이 담겨있는 규칙 집합을 먼저 작성해 주어야 했다. 그것을 프로그램으로 코딩하면 컴퓨터가 인간이 하는 일을 수행할 수 있다.

예를 들어 자동차 운전 기능을 구현하기 위해 다음과 같이 규칙 집합을 작성할 수 있다.

규칙 #1: 만약 [신호등=파란색]이면 직진하라.

규칙 #2: 만약 [신호등=빨간색]이면 정지하라.

더 복잡한 상황을 해결하도록 하려면 규칙을 추가해야 한다. 예를 들어 다음과 같이 좌회전과 우회전을 추가할 수 있다.

규칙 #3: 만약 [좌회전 신호=파란색]이고 [맞은편 직진 신호=빨간색]이면 좌회전하라.
규칙 #4: 만약 [보행자 신호=빨간색]이고 [보행자가 없다면] 우회전하라.

이와 같은 규칙 기반 접근은 명확한 조건-행동 구조를 가졌기 때문에 인공지능 알고리즘의 결정 과정을 비교적 투명하게 이해할 수 있었다. 이러한 장점은 이 방식이 초기 인공지능 시스템 설계에서 널리 활용된 이유 중 하나이다.

1970년대에 이르면 이 방식의 인공지능은 전문가 시스템(Expert System)으로 발전하게 된다. 전문가 시스템은 특정 분야의 전문 지식을 규칙으로 정리하고 이를 기반으로 전문가 수준의 의사결정을 내릴 수 있도록 설계된 인공지능이다.

이들은 의료, 법률, 공학 등 다양한 분야에서 상당한 성공을 거뒀다. 예를 들어 MYCIN이라는 시스템은 환자의 증상에 따른 약 처방 데이터를 통해 감염성 질환의 가능성을 진단하고 치료 방안을 제안할 수 있었다. 이처럼 전문가 시스템은 인공지능이 상당히 높은 수준의 지적 능력을 요구하는 과제도 수행 가능하다는 것을 입증했다.

설명 가능 인공지능의 시작

사실 설명 가능 인공지능이 언제 처음 개발되었는지를 명확히 지목하기는 쉽지 않다. 이는 설명 가능성이 인공지능의 이해 가능성을 높이는 모든 노력을 지칭하는 포괄적인 용어이기 때문이다. 그런 의미에서 보면 처음부터 인공지능의 역사와 설명 가능 인공지능에 대한 시도와 요구는 함께 해왔다고 볼 수 있다.

그럼에도 불구하고 설명 가능 인공지능의 방법론이 명시적으로 적용되기 시작된 시점을 꼽자면 1970년대 전문가 시스템에 설명 기능이 추가된 것이 시초라고 할 수 있다. 예를 들어 화학 분석 데이터를 바탕으로 분자 구조를 추론하는 전문가 시스템이었던 DENDRAL은 결론에 도달하는 데 사용한 가정과 규칙을 보여주는 기능이 있었다. MYCIN의 경우에는 더 발전된 대화형 설명 기능이 도입되었다. 예를 들어 특정 항생제를 추천했다면 진단한 이유를 자연어 문장으로 표시하는 기능을 갖췄다(Shortliffe, et al. 1975).

전문가 시스템에 설명 기능이 탑재된 데는 여러 이유가 있다. 무엇보다 사용자의 신뢰를 확보하기 위한 목적이 컸다. 컴퓨터 기술의 초기 단계에는 많은 사람들이 컴퓨터를 단순한 계산 도구에 불과하다고 여겼으며 복잡한 문제 해결이나 의사결정을 위한 도구로 신뢰하기를 주저했다. 전문가 시스템이 높은 정확도를 가졌음에도 불구하고 널리 사용되지 않은 배경에는 이런 인식이 있었다. 설명 가능 인공지능 요소의 도입은 신뢰를 얻기 위한 노력의 하나였다.

또한 전문가 시스템의 복잡성에도 이유가 있었다. 기호 기반 접근법의 개별적인 규칙 하나하나는 명확하고 직관적으로 이해할 수 있지만 규칙의 수가 많아질수록 시스템 전체를 인간이 이해하는 데 어려움이 커졌다. MYCIN의 경우에도 수백 개의 규칙이 얽혀있었기 때문에 규칙 간의 상호 작용과 결과를 인간의 능력으로 추적하기 쉽지 않았다.

아직 설명 가능 인공지능이라는 명칭이 붙은 것은 아니었지만 이들 문제를 보완하고자 1970년대의 개발자들이 고안한 설명 기능이 설명 가능 인공지능의 뿌리라고 할 수 있다. 그러나 이 시기에 설명 기능은 크게 주목받지는 못했다. 그 이유는 당시 주로 사용된 인공지능의 방법론인 기호 기반 접근법이 명확한 규칙에 기반했기 때문에 상대적으로 이해하기 용이했기 때문이다.

초기 인공지능의 한계와 기계 학습의 등장

초기 인공지능의 기호 기반 접근법은 상당한 성과를 거뒀지만, 이후 명확한 한계를 드러내게 된다. 이 방식은 규칙의 수가 적고 도메인이 잘 정의된 경우에는 효과적이었지만 복잡하고 동적인 문제를 다룰 때는 낮은 성능을 보였다. 그 대표적인 사례가 이미지 인식(Image Recognition)이다. 예를 들면 손으로 쓴 숫자를 인식하는 작업을 생각해보자. 기호 기반 접근법을 적용하려면 숫자 1부터 9까지 각각의 모양에 대한 정확한 규칙을 개발자가 작성해야 한다. 예를 들어:

· 숫자 1: 세로로 똑바른 선

· 숫자 2: 상단 곡선+하단 직선

· 숫자 3: 상하단 곡선

…

고정된 패턴이 있으면 이 방식으로 성능 좋은 인공지능 모델을 만들 수 있다. 그러나 손글씨처럼 개인차나 다양성이 있는 경우는 한계가 명백해진다. 예를 들어 숫자 1의 선이 약간 기울어지거나 2의 곡선이 조금 더 삐뚤게 그려지거나 하는 경우 인공지능은 제대로 글씨를 인식하지 못한다.

이처럼 기호 기반 접근법에 의존한 초기 인공지능은 일부 영역에서는 성과를 거뒀지만 곧 복잡한 과제에 대한 한계를 드러내게 된다. 그것은 이 방식이 근본적으로 인간이 사전에 모든 경우를 예상해서 미리 규칙을 지정해야 한다는 점에서 비롯된다. 문제가 단순하다면 설계자의 노력으로 이를 극복 가능하나 문제가 복잡해지면 현실적으로 해결이 불가능해진다. 손글씨 인식의 경우 필기 스타일, 크기, 기울기 등 고려할 사항이 무수히 많기 때문에 사실상 모든 경우를 인간이 규칙화하기는 거의 불가능하다.

이 문제의 해결책으로 등장한 것이 바로 기계 학습(Machine Learning)이다. 기계 학습은 주어진 학습 데이터로부터 스스로 패턴을 탐색하고 일반화하는 방식으로 작동하도록 설계된 인공지능을 말한다. 이 방식은 인간이 사전에 규칙을 명시적으로 지정할 필요가 없다는 점에서 기호 기반 접근법의 한계를 극복할 수 있는 잠재력을 가졌다. 그러나 실제로 극복이 이뤄진 것은 비교적 최근의 일이다. 그 과정에서 벌어진 변화들이 설명 가능 인공지능과 밀접한 관련이 있다. 다음 장에서는 이 변화가 설명 가능 인공지능에 어떤 도전과 기회를 제공했는지 살펴보도록 하자.

참고문헌

Shortliffe, E. H., et al.(1975). Computer-based consultations in clinical therapeutics: explanation and rule acquisition capabilities of the MYCIN system. *Computers and biomedical research*, 8(4), pp.303-320.

02
딥러닝의 시대와 인공지능의 불투명성

딥러닝(Deep Learning)의 등장과 발전은 인공지능 분야에 혁신적인 변화를 가져왔다. 이를 통해 이미지 인식, 자연어 처리, 음성 인식 등 다양한 분야에서 AI의 성능은 비약적으로 향상되었다. 그러나 딥러닝의 발전은 블랙박스(Black Box) 문제로 이어졌고 이 문제를 해결하기 위한 방법으로 설명 가능 인공지능이 주목받게 된다.

AI와 MBTI?

퍼셉트론

기계 학습의 역사에서 중요한 이정표는 프랭크 로젠블랫(Frank Rosenblatt)이 1958년에 퍼셉트론(Perceptron)을 개발한 것이다. 이 모델은 당시 뇌과학의 성과와 깊은 관련이 있다. 1949년 도널드 헵(Donald O. Hebb)은 신경 세포의 학습 원리인 헵의 법칙(Hebb's Rule)을 발표한다. 이 법칙은 '함께 발화하는 신경 세포는 연결이 강화된다(Cells that fire together, wire together).'라는 말로 요약될 수 있다. 이는 두 신경 세포가 동시에 활성화될 때, 둘 사이의 연결 강도가 강화된다는 의미다. 예를 들어 우리가 춤 동작을 반복 연습하면 점점 더 잘 할 수 있게 되는 이유는 동작과 관련된 신경 세포간의 연결이 강화되어 신호가 쉽게 전달되기 때문이다.

로젠블랫은 헵의 법칙을 기반으로 신경 세포의 학습 원리를 단순화하여 수학적 모델로 구현했다. 그가 퍼셉트론이라고 이름 붙인 이 모델은 생물학적 신경 세포의 연결 강도를 가중치(Weight)라는 수치로 표현한다. 퍼셉트론의 핵심 원리는 입력값과 그 값에 할당된 가중치를 곱한 결과를 더해 활성화 함수(Activiation Function)에 전달하고 임곗값(Threshold)에 따라 최종 출력을 도출하는 것이다.

퍼셉트론의 혁신적인 특징은 신경 세포처럼 학습할 수 있는 능력에 있다. 춤 연습에 의해서 신경 세포 사이의 연결이 강화되는 것처럼 퍼셉트론은 학습 데이터를 기반으로 가중치를 조정하여 최적의 결과물을 도출하는 법을 학습할 수 있다. 그 과정은 다음과 같다.

1. 초기 가중치 설정: 퍼셉트론의 각 입력 노드에 대한 가중치는 처음에는 랜덤하게 설정한다. 이로 인해 학습 초기에는 예측이 부정확할 수 있지만 학습 과정을 통해 점진적으로 최적화된다.
2. 가중합 계산: 이제 각 노드에 입력값이 주어지면 여기에 가중치를 곱한 후 전체를 합산한다.
3. 출력값 산출: 퍼셉트론은 활성화 함수로 계단 함수(Step Function)를 사용하며 2 단계의 합산한 값을 이 함수에 넣어 출력값을 생성한다.
4. 오류 계산: 이제 출력 값과 학습 데이터와 차이를 계산한다. 이 값을 오차(Error)라고 부른다. 이 오차 값은 퍼셉트론이 학습을 통해 개선해야 할 정도를 나타낸다.
5. 가중치 업데이트: 계산된 오차를 바탕으로 가중치와 편향을 수정한다. 수정의 속도는 학습률(Learning Rate)이라는 값으로 미리 주어진다. 이것은 학습의 속도를 조정하는

하이퍼 파라미터(Hyper Parameter)이다.

6. 반복 학습: 위 과정을 모든 학습 데이터에 대해 반복한다. 학습 데이터 전체를 한 번 모두 사용하는 학습 단위를 에포크(Epoch)라고 하며 퍼셉트론은 오류가 최소화될 때까지 에포크를 반복한다.

7. 학습 종료: 최적의 가중치가 설정되면(오류의 최소화) 학습을 종료한다.

요약하면 퍼셉트론의 학습 과정은 학습 데이터와 가중치를 기반으로 출력값을 계산하고, 출력값과 실젯값 사이의 오류를 줄이기 위해 가중치를 조정하는 것이다. 이것이 바로 기계 학습의 원리이며, 현대의 발전된 딥러닝(Deep Learning)도 동일한 원리로 학습을 한다.

기계 학습 알고리즘은 스스로 학습할 수 있기 때문에, 기호 기반 인공지능처럼 문제 해결을 위한 규칙을 인간이 설계할 필요가 없다. 따라서 기계 학습 기반 인공지능은 앞서 언급한 기호 기반 인공지능의 한계를 극복할 수 있는 가능성을 제시했다.

퍼셉트론의 한계

기대에 부응하듯 기계 학습 알고리즘은 손글씨 인식 등

의 일부 분야에서 상당한 성공을 거뒀다. 그러나 안타깝게도 다른 한계가 드러나면서 다시 발전이 정체되었다.

대표적인 사건은 마빈 민스키(Marvin Minsky)와 시모어 페이퍼트(Seymour Papert)가 퍼셉트론이 XOR(배타적 OR)와 같은 문제를 풀 수 없다는 것을 수학적으로 증명한 것이다. XOR은 두 입력 값이 같으면 0, 다르면 1을 출력하는 단순한 논리 연산이다. 그러나 수학적으로 비선형(non-linear)이란 특징이 있어, 인간에게는 아주 쉬운 문제인데도 퍼셉트론은 풀 수 없다.

비선형 문제를 풀 수 없다는 것은 퍼셉트론의 근본적인 제약이었다. 대안으로 퍼셉트론을 여러 층으로 쌓는 다층 퍼셉트론(Multilayer Perceptron)과 같은 방안이 제안되기도 했으나 다층 모델을 학습시키는 데 적합한 알고리즘이 발견되지 않았기 때문에 실질적으로 구현되지 못했다. 결과적으로 기계 학습은 1980년대에 이르기까지 연구자들의 관심에서 멀어지게 된다.

그러나 학계의 분위기는 1986년 제프리 힌턴(Geoffrey Hinton), 데이비드 럼멜하트(David E. Rumelhart), 로널드 윌리엄스(Ronald J. Williams)가 오류 역전파 알고리즘(Backpropagation Algorithm)을 이용해서 다층 퍼셉트론을 학습시키는 데 성공하면서 바

뀌게 된다(Rumelhart, et al. 1986). 역전파 알고리즘은 출력단에서 발생한 오류를 입력단으로, 즉 역방향으로 전파해가면서 각 층의 가중치를 조정하는 방법이다. 이 방법으로 학습한 다층 퍼셉트론은 기존에 해결할 수 없었던 비선형 문제나 복잡한 패턴의 문제 등을 학습할 수 있는 능력을 가지게 되었다. 오류 역전파 알고리즘의 성공은 기계 학습 분야에서 돌파구를 제공하여 이전에 접근하기 어려웠던 다양한 문제를 해결할 수 있는 가능성을 열어주었다.

그러나 환호성을 부르기에는 일렀다. 다층 퍼셉트론과 오류 역전파 알고리즘은 기계 학습의 가능성을 확장했지만 실용적인 한계와 문제점이 남아있었다. 첫째, 다층 퍼셉트론은 단순 퍼셉트론에 비해 필요한 계산량이 대단히 컸다. 그 때문에 당시 컴퓨터의 계산 성능으로는 여러 층의 모델을 학습시키는 데는 한계가 있었다. 둘째, 학습 데이터가 절대적으로 부족했다. 당시의 존재한 데이터 세트는 규모가 작고 제한적이어서 충분한 성능을 발휘할 정도로 다층 퍼셉트론을 학습시키기 어려웠다. 셋째, 위의 요인들이 결합되어 그래디언트 소멸(Vanishing Gradient) 문제라는 근본적인 어려움에 직면했다. 오류 역전파 알고리즘에 의한 학습은 출력단에서 발생한 오류 정보가 입력단으로 전달되면서 진행되는데 그래디언트 소멸은 중간에 정보가 사라지는 현상이다. 다층 퍼셉트론은 퍼셉트론이 많고 연결도 많기 때문에, 결국 학습 정보가 전체 신경망의 일부분에만 전달되고 정보가 도달하지 못한 퍼셉트론은 가중치가 업데이트되지 않아 학습이 비효율적으로 진행되거나 멈추게 된다.

이런 문제로 인해 기계 학습은 기대와는 달리 그 잠재력을 충분히 발휘하지 못했다. 결과적으로 1990년에 이르면 'AI 겨울(AI Winter)'이라고도 불리는 인공지능의 침체기를 맞이하게 된다.

기계 학습의 부활과 딥러닝의 시대

그런데 21세기에 들어서면서 여러 변화들이 맞물리면서 기계 학습의 부흥을 위한 결정적인 계기가 마련되었다.

첫 번째 요인은 하드웨어 기술의 발전이다. 특히 GPU (Graphics Processing Unit)라는 새로운 종류의 칩이 개발되면서, 저렴한 비용으로 기계 학습을 위한 대규모의 연산과 병렬 처리가 가능해졌다. GPU는 원래 컴퓨터 그래픽을 위해 개발되었으나 곧 인공지능 계산에도 강력한 성능을 가졌다는 사실이 밝혀졌다. GPU가 인공지능의 개발과 운용을 위한 필수적인 장비로 자리잡게 되면서 기계 학습에 필요한 많은 양의 계산을 처리하는 것이 가능해졌다.

두 번째 요인은 혁신적인 알고리즘 개선과 모델 구조의 발전이다. 대표적으로 힌턴이 제안한 ReLU(Rectified Linear Unit) 함수는 기존의 함수에 비해 그래디언트 소멸 문제를 크게 완화했다. 또한 드롭아웃(Dropout) 같은 정규화 기법은 모델이 과적합되는 것을 방지하면서도 높은 성능을 유지할 수 있도록 도왔다.

세 번째 결정적인 요인은 인터넷과 함께 열린 빅 데이터(Big Data) 시대가 인공지능의 학습에 필요한 데이터를 양적, 질적으로 증가시킨 것이다. 빅 데이터는 보통 3V로 요약되는 특징을 가졌다. 그 각각은 다음과 같다:

1) 양(Volume): 데이터의 양적인 확대
2) 속도(Velocity): 데이터 처리의 속도가 비약적으로 향상
3) 다양성(Variety): 텍스트, 이미지, 비디오, 오디오 등 매체의 다양화

이 변화들은 기계 학습의 발전을 가로막던 장애물들이 해소시켜 주었다. 그로 인해 기계 학습의 한계로 여겨

지던 그래디언트 소멸 같은 문제는 더 이상 난점으로 여기지 않게 되었다. 방대한 학습 데이터, 충분한 계산 능력, 효율적인 알고리즘으로 무장한 기계 학습 알고리즘은 이제 거대한 다층 퍼셉트론도 학습시키는 데 충분한 능력을 갖췄다. 그동안 잠재력을 충분히 발휘하지 못했던 기계 학습이 우연히 같은 시기에 일어난 기술적, 사회적 변화 덕분에 새로운 국면을 맞게 된 것이다.

기계 학습의 부상을 알린 직접적인 계기는 바로 2012년에 열린 이미지넷 챌린지(ImageNet Large Scale Visual Recognition Challenge) 대회였다. 이미지넷 첼린지는 프로그램의 성능을 겨루는 대회로, 이미지 분류(Classification)와 객체 감지(Object Detection) 등의 과제에서 가장 높은 정확도를 보인 프로그램이 우승하는 대회다. 2012년 새로운 기계 학습 알고리즘이 적용된 알렉스넷(AlexNet) 모델이 이 대회에서 우승한 사건은 전 세계 인공지능 연구자에게 충격을 주게 된다. 알렉스넷은 기존 모델보다 오류율을 10% 이상 개선하는 놀라운 성능 향상을 이뤘는데, 이것은 기계 학습이 기존 방식에 비해 압도적인 성능을 가졌음을 입증한 것이었다.

딥러닝의 시대

이후 기계 학습 알고리즘은 비약적인 발전을 거듭한다. 이 과정에서 퍼셉트론은 신경망의 기본 단위로 자리 잡으며 '뉴런(Neuron)'이라는 개념으로 재정립되었고, 이를 다층 구조로 확장한 다층 퍼셉트론은 신경망(Neural Network)으로 서서히 명칭이 바뀌었다. 딥러닝(Deep Learning)이라는 용어는 엄밀한 학술 용어라기보다는 다층 신경망 중에서 5개 이상의 층(Layer)을 가진 복잡하고 거대한 신경망을 이용한 기계 학습을 지칭하는 관용적인 용어이다.

딥 러닝 방식의 거대 신경망은 복잡한 패턴과 특성을 학습할 수 있는 능력을 가졌다. 특히 이미지 인식, 음성 인식, 자연어 처리와 같은 고차원적인 문제에서 뛰어난 성능을 발휘했다. 그에 따라 딥러닝은 첨단 인공지능을 대표하는 기술로 자리잡게 되었다.

딥러닝의 발전은 우리가 알고 있는 알파고(AlphaGo)와 GPT(Generative Pre-trained Transformer) 같은 최신 인공지능의 개발로 이어졌다. 알파고는 딥러닝과 강화학습(Reinforcement Learning)을 결합하여 바둑에서 최고 수준의 선수를 능가하는 성능을 보여주었다. 이때까지 바둑은 창의성, 직관, 심리전 같은 인간만이 가능한 고차원적인 사고를 요구하는 것으로 여겨졌기 때문에 인공지능이 정복할 수 없는 영역으로 평가되었다. 그러나 2016년 알파고가 세계 바둑 챔피언인 이세돌 9단을 상대로 4승 1패의 압도적인 승리를 거두자 세계는 큰 충격을 받았다. 이 사건은 인공지능의 잠재력과 미래 사회에 미칠 영향에 대한 깊은 논의를 촉발시키는 계기가 되었다.

최근 화제가 된 ChatGPT는 대규모 언어 모델(Large Language Model, LLM)이 인간 수준의 자연스러운 대화를 생성할 수 있음을 입증했다. GPT 아키텍처를 기반으로 하는 ChatGPT는 단순한 응답을 넘어 논리적 흐름, 창의적인 표현, 심지어는 유머와 감정 표현까지 가능했다. 인공지능이 거의 인간에 가까운 대화 경험을 제공함으로써 또다시 전 세계는 충격을 받았다. 이제 인공지능 언어 모델은 콘텐츠 생성, 고객 서비스, 교육, 의료, 번역, 검색 등 다양한 산업과 일상생활에 깊숙이 스며들고 있다.

이처럼 딥러닝은 현대 인공지능의 주류 기술로 자리잡았으며 인류의 미래를 이끌 핵심 기술로 여겨지고 있다. 그 사실은 몇 가지 중요한 사건을 통해 더욱 확고해졌다. 딥러닝의 선구자인 제프리 힌턴은 2024년 노벨상을 수상

하며 그의 연구가 인류에 미친 지대한 영향을 공식적으로 인정받았다. 또한 인공지능 산업을 선도하는 마이크로소프트(Microsoft), 애플(Apple), 엔비디아(NVIDIA)와 같은 글로벌 테크 기업들이 세계 시가총액 상위권을 독점하며 AI 기술의 경제적 가치를 입증하고 있다. 이들 기업은 AI 연구 개발에 막대한 투자를 단행하며 자사의 제품과 서비스에 인공지능을 적극적으로 통합해 산업 전반에 혁신을 주도하고 있다. 이처럼 딥러닝은 단순한 기술 트렌드를 넘어 앞으로도 인류의 삶을 근본적으로 변화시킬 잠재력을 지닌 분야로 주목받게 되었다.

딥러닝의 명과 암

그러나 딥러닝의 성능 향상의 이면에는 복잡성의 증가라는 반대급부가 존재한다. 딥러닝은 층의 수가 증가하고 뉴런 간의 연결이 많아질수록 더 많은 데이터를 학습할 수 있고 더 정교한 패턴을 포착할 수 있다.

이 일반적인 경향을 잘 보여주는 것이 바로 스케일의 법칙(Scaling Law)으로 알려진 현상이다(Kaplan, 2020). 연구에 따르면 언어 모델의 성능은 다음과 같은 세 가지 요소에 따라 예측 가능하게 향상된다.

1. 모델 크기(Number of Parameters): 파라미터 수가

많을수록 모델의 표현력이 증가하며 더 복잡한 패턴을 학습할 수 있다.

2. 학습 데이터의 양(Dataset Size): 학습에 사용되는 데이터가 많을수록 모델은 다양한 패턴을 학습할 수 있으며 일반화 성능이 향상된다.

3. 계산량(Compute Power): 모델을 학습시키는 데 사용되는 계산량이 늘어날수록 더 깊고 정교한 학습이 가능해진다. 그 때문에 최신 인공지능은 수천 또는 수만 개의 GPU를 사용해 학습된다.

스케일의 법칙은 이 세 요소 간의 상관관계를 통해 자원을 증가시킬 경우 모델의 성능이 향상될 수 있음을 보여준다. 예를 들어 대규모 언어 모델은 매개변수 수와 학습 데이터 크기를 확장함으로써 언어 생성 능력과 이해 능력에서 놀라운 발전을 이루었다. 초기의 GPT-2는 약 15억 개의 매개변수를 사용했으나 그 뒤를 이어 발표된 GPT-3는 약 1750억 개의 매개변수를 탑재하여 엄청난 성능 향상을 보여주었다.

이는 '더 크고 복잡한 모델일수록 더 나은 성능을 발휘한다'는 경향을 명확히 보여준다. 이러한 경향은 단순히 언어 모델에만 국한되지 않는다. 컴퓨터 비전, 음성 인식 등 다양한 인공지능 분야에서도 모델 크기와 데이터

양이 성능에 직접적인 영향을 미친다는 사실이 반복적으로 관찰되고 있다.

그러나 규모의 확장은 동시에 불투명성 또한 증가시키는 결과를 초래한다. 모델이 복잡해질수록 내부 작동 원리를 인간이 이해하기 어렵게 되며 신뢰성(reliability), 책임성(accountability), 투명성과 같은 핵심 가치에 대한 의문이 생기게 된다.

다음 장에서 이런 현상이 왜 발생하게 되는지 살펴볼 것이다. 그리고 이 문제를 설명 가능 인공지능이 어떤 방식으로 해결하는지 알아보자.

참고문헌

Kaplan, J., et al.(2020). Scaling Laws for Neural Language Models. ArXiv, abs/2001.08361.

Rumelhart, D. E., et al.(1986). Learning representations by back-propagating errors. *Nature*, 323(6088), pp.533-536.

03
불투명성의 원인과 설명 가능 인공지능의 재조명

인공지능의 불투명성이 왜 발생하는지, 그리고 딥러닝이 기존의 전통적인 컴퓨터 프로그램과 어떤 근본적인 차이를 가지는지 살펴보자. 이를 위해 전통적으로 컴퓨터 프로그램의 작동 원리를 설명하는 데 사용된 결정 트리(Decision Tree) 방식과 설명 가능 인공지능을 비교해 볼 것이다.

AI와 난임 극복?

불투명성의 원인

대규모 딥러닝 모델의 복잡성 증가는 인공지능 시스템을 더욱 강력하게 만들었지만 동시에 인간이 그 내부 작동 원리를 이해하기 어렵게 만드는 새로운 도전 과제를 가져왔다. 이 문제가 발생하는 이유를 알아보기 위해 전통적으로 컴퓨터 프로그램을 해석하는 데 사용된 결정 트리(Decision Tree)라는 방법을 살펴보자.

결정 트리는 계층적으로 조직된 규칙을 따라 알고리즘의 작동 과정을 설명하거나 예측하는 방법이다. 이 방식은 각 단계에서 '예' 혹은 '아니오'와 같은 이분법적 조건, '~개 중에서 ~개'와 같은 선택적 조건, 혹은 '~ 이상', '~ 이하'와 같은 범위 조건 등을 기준으로 과정을 설명한다.

예를 들어, 기호 기반 접근으로 설계된 어떤 가상의 금융 알고리즘이 있다고 하자. 1장에서 설명한 것처럼, 기호 기반 알고리즘은 규칙 집합에 따라서 결정을 내리게 된다. 만약 어떤 알고리즘이 대출을 거부했다면 그것의 규칙 집합을 조사해서 다음과 같이 결정 트리를 만들 수 있다.

결정 트리:

1. 신용 점수 ≥ 700

→ 예: 다음 조건 확인

→ 아니오: 대출 거부

2. 연 소득 ≥ 50000달러

→ 예: 다음 조건 확인

→ 아니오: 대출 거부

3. 기존 부채 비율 ≤ 30%

→ 예: 다음 조건 확인

→ 아니오: 대출 거부

4. 현재 고용 기간 ≥ 2년

→ 예: 다음 조건 확인

→ 아니오: 대출 거부

5. 기본 계좌 잔액 ≥ 10000달러

→ 예: 다음 조건 확인

→ 아니오: 대출 거부

6. 과거 대출 상환 이력: 전액 상환

→ 예: 대출 승인

→ 아니오: 대출 거부

만약 한 고객의 대출이 거부되었다고 하자. 그는 결정

트리의 내용과 자신의 조건을 비교하여 자신의 신청이 거부된 이유를 이해할 수 있을 것이다. 따라서 결정 트리로 표현될 수 있는 기호 기반 접근은 높은 수준의 투명성을 가진다.

이처럼 일반적인 컴퓨터 프로그램은 이 방법으로 분석이 가능하다. 그렇다면 같은 방식으로 딥러닝을 분석할 수는 없을까?

딥러닝 분석의 어려움

결정 트리 방식을 딥러닝과 같은 거대 신경망에 적용하는 것은 이론적으로는 가능하다. 알고리즘의 작동 과정을 하나의 거대한 결정 트리로 표현할 수도 있고 뉴런 간의 연결과 매개변수들을 일종의 조건 체계로 해석할 수도 있다. 그러나 딥러닝을 결정 트리 방식으로 해석하는 데는 근본적인 난점이 존재한다.

앞서 살펴본 것처럼 딥러닝이라는 기술은 많은 수의 뉴런을 신경망으로 연결하여 학습하는 방식이다. 이때, 많은 수의 뉴런과 가중치가 인간의 이해를 제약하는 핵심 요인이 된다. 예를 들면 상용화된 인공지능 중 가장 규모가 큰 것으로 알려진 딥시크(DeepSeek)사의 '딥시크-V3'는 무려 6710억 개의 매개변수를 가지고 있다. 각각의 뉴런과 그에 따른 매개변수들은 결정을 내리기 위한 정보를 담고 있기 때문에 딥러닝 모델의 결정 트리를 그리려면 각 뉴런의 가중치와 활성화 값들을 모두 추적하고, 이를 트리 구조로 변환해야 한다. 이는 이론적으로 가능하지만 그렇게 그려진 결정 트리는 너무나 거대해서 인간의 능력으로는 결코 읽을 수 없다. 이를 시간으로 환산해본다면 한 사람이 매개변수를 초당 10개씩 점검한다해도 2130년이 걸릴 것이다. 그 내용을 책으로 쓴다면 도서관 하나가 필요할 정도이다.

그에 더해서 많은 딥러닝 모델들은 확률적 요소를 포함한다. 예를 들어 드롭아웃 같은 기술은 과적합을 방지하기 위해 일부 뉴런을 무작위로 비활성화한다. 확률적 요소는 결과를 예측하기 어렵게 만든다. 또한 많은 딥러닝 신경망은 비선형(non-linear)적이다. 뉴런의 작동에 중요한 활성화 함수를 대부분 비선형 함수를 사용하기 때문이다. 비선형인 경우에는 입력과 출력의 관계가 단순하지 않기 때문에 직관적으로 이해하기 어렵다.

현대 AI의 이 상황을 전문용어로 성능(Performance)과 이해 가능성(Interpretability)의 사이에 상충 관계(Trade-off)가 있다고 표현한다(Arrieta, et al. 2020). 예를 들면 랜덤 포레스트(Random Forest), 서포트 백터 머신(Support Vector Machine) 등 전통적인 알고리즘들은 이해 가능성이 높고 복잡성이 낮지만 일부를 제외하면 성능이 떨어지는 편이다. 반면 트랜스포머(Transformer), 거대 언어 모델(LLM: Large Language Model)과 같은 딥 러닝 모델은 높은 성능을 보여주지만 복잡하다. 그 복잡성 때문에 이해 가능성이 낮고 내부 작동 과정을 인간이 이해하는 데 한계가 있다.

결국 현대의 딥 러닝 인공지능은 규모를 확장함으로써 탁월한 성능을 달성했지만 그 대가로 이해하기 어렵게 되었다. 언급한 것처럼 블랙박스 인공지능은 단순히 기술적 한계에 그치지 않고 신뢰성, 책임성, 공정성 등 인공지능의 여러 측면에서 심각한 문제를 야기한다. 따라서 신뢰할 수 있는 AI 시스템을 구축하기 위해서는 이에 대한 대책이 필요하다.

불투명성의 대안: 설명 가능 인공지능

이런 배경에서 설명 가능 인공지능 기술이 불투명성에 대한 해결책으로 재조명받게 되었다. 그 직접적인 계기는 2017년, 미국 방위고등연구계획국(DARPA)이 주도한 설명 가능 인공지능(Explainable Artificial Intelligence) 프로젝트였다. 4년간 진행된 이 대규모 프로젝트는 관련 연구를 체계화하여 설명 가능 인공지능의 개념과 기술 패러다임이 정립되는 데 중추적인 역할을 했다. 프로젝트에는 총 1억 달러의 예산이 투입되었으며 고성능을 유지하면서도 설명 가능한 AI 모델 개발이라는 야심찬 목표를 설정했다.

이 목표 달성을 위해 프로젝트는 두 가지 방안을 제시했다. 첫 번째 방안은 인공지능 시스템을 이해 가능하도록 설계하는 것이다. 이는 모델의 구조를 단순화하거나 본질적으로 해석 가능한 알고리즘을 사용함으로써 달성 가능하다. 두 번째 방안은 기존의 복잡한 AI 모델을 그대로 유지하고 그 출력 결과를 해석하고 설명하는 별도의 설명 시스템을 구축하는 방법이다. 이 접근법은 고성능을 유지하면서도 사용자가 이해할 수 있는 설명 가능성을 제공할 수 있어 특히 딥러닝과 같이 복잡한 구조를 가진 모델에서 유용하다.

이 프로젝트는 큰 성과를 거뒀고 설명 가능 인공지능 개념이 정립되는 계기가 되었다. 이후, 이 기술의 중요성이 인식되며 국제적인 연구 네트워크가 형성되었다. 대표적으로 ACM FAccT(Fairness, Accountability, and Transparency Conference), Google PAIR(People+AI Research) 등의 기관과 단체들이 설립되어 사회적 책임과 윤리적 측면을 위한 설명가능 인공지능의 연구와 실천에 중요한 역할을 수행하고 있다. 또한 국내에도 KAIST 설명가능 인공지능 연구센터가 설립되어 알고리즘 개발, 평가 방법론, 사용자 인터페이스 등 다양한 분야에서 활발한 연구를 진행하고 있다.

이와 같은 과정을 거쳐 설명 가능 인공지능 기술은 인공지능의 불투명성 문제를 해결할 수 있는 핵심적인 대안으로 재조명받게 되었다. 이어서 설명 가능 인공지능 기술의 구현 방법과 핵심 알고리즘들을 살펴보도록 하자.

참고문헌

Arrieta, A. B., et al.(2020). Explainable Artificial Intelligence (XAI): Concepts, taxonomies, opportunities and challenges toward responsible AI. *Information fusion*, 58, pp.82-115.

04
설명 가능 인공지능의 원리

딥러닝 기반의 거대 신경망이 인공지능의 주류가 되면서 불투명성 또한 동시에 증가하게 된 것이 설명 가능 인공지능의 필요성이 대두된 배경이다. 그렇다면 설명 가능 인공지능은 어떻게 불투명성을 완화시키는 것일까? 그 핵심적인 원리와 방법론을 살펴보자.

AI와 사주?

설명 가능 인공지능의 원리

지금까지 인공지능 발전의 역사를 따라온 독자라면, 문제의 중심에 인공지능 시스템의 복잡성이 있다는 것을 이해했을 것이다. 초기의 규칙 기반 시스템에서 딥러닝 기반의 거대 신경망으로 진화하면서 인공지능은 이전보다 훨씬 더 강력해졌다.

이러한 확장은 딥러닝 모델의 정확도와 성능을 극대화하는 데 기여했지만 동시에 인공지능 시스템의 복잡성을 기하급수적으로 증가시켰다. 결과적으로 현대의 최첨단 딥러닝 신경망들은 수백억 개의 파라미터와 수천 개의 계층으로 구성된 거대한 구조물이 되었으며 이는 인간이 직관적으로 이해하거나 해석하기 어려운 수준에 도달했다.

바로 이 압도적인 복잡성이 현대 인공지능 불투명성의 근본 원인이다. 따라서 설명 가능 인공지능으로 가는 열쇠는 복잡성을 감소시키는 것이다. 이 목표는 다양한 방법으로 달성할 수 있기 때문에 설명 가능 인공지능 또한 다양한 방식으로 구현될 수 있다. 몇 가지 기법을 살펴보면서 그 원리를 알아보자.

차원 축소: 주성분 분석(PCA)

주성분 분석은 고차원 데이터의 차원을 축소하면서 데이터의 주요 패턴과 구조를 보존하는 통계 기법으로 설명 가능 인공지능에 자주 응용된다. 이 방법의 핵심은 고차원 데이터에서 가장 큰 분산(Variance)을 가지는 방향(이것을 주성분이라고 한다)을 찾는 것이다. 이 방향으로 데이터를 투영(Projection)하면 손실을 최소화면서 정보의 양을 줄일 수 있게 된다.

예를 들어 어떤 인공지능 신경망에 대한 정보가 3차원 벡터로 표현되었다고 하자. 이를 2차원 벡터로 차원 축소하면 정보의 양이 많이 줄어들 것이다. 그러나 무작위로 차원을 축소하면 정보량을 2/3로 줄지만 대신 1/3의 정보를 잃게 될 것이다. 그런데 만약 이 벡터들이 특정한 2차원 평면 근처에 모여 있는 경우라면 그 평면을 기준으로 차원 축소를 수행하면 최소의 손실로 정보량을 줄일 수 있다.

이처럼 주성분 분석은 데이터의 구조적 특성을 이용하여 정보의 손실을 최소로 하면서 정보의 양을 줄이는 기법이다. 능형 회귀(Ridge Regression), LASSO(Least Absolute Shrinkage and Selection Operator), t-SNE (t-distributed Stochastic Neighbor Embedding) 등 이와

유사한 기능을 하는 기법이 설명 가능 인공지능에서 다양하게 활용되고 있다.

특성 추출: PDP(Partial Dependence Plot)

PDP는 머신러닝 모델의 특정 특성(Feature) 혹은 변수(Variable)이 예측 결과에 미치는 한계 효과(marginal effect)를 계산하는 기법이다. 이 값을 계산하기 위해 먼저 분석하고자 하는 특성(예: 나이, 소득 등)을 선택한다. 그리고 나머지 특성들은 고정한 상태에서 선택한 특성 값을 변화시키며 결괏값이 달라지는 양을 관찰한다. 이를 전체 데이터에 대해서 평균을 내면 어떤 특성의 값이 변화할 때 결괏값이 어떻게 변하는지 파악할 수 있다. 모델이 사용하는 여러 특성에 대해서 PDP 값을 구해서 비교하면 어떤 특성이 영향력이 크고 어떤 것은 그렇지 않은지 알 수 있다.

이처럼 PDP는 AI 모델의 전체 정보를 들여다보는 대신 특성에 초점을 맞추어 모델의 전반적인 행동을 해석하는 기법이라고 할 수 있다. 그러나 특성 간의 상호 작용을 잘 포착하지 못하는 등의 단점이 있어 이를 보완하는 ICE(Individual Conditional Expectation), ALE(Accumulated Local Effects), SHAP(SHapley Additive exPlanations) 등의 다양한 기법들이 설명 가능 인공지능에 활용되고 있다.

차원 축소(Dimensionality Reduction)와 특성 추출(Feature Extraction)은 설명 가능 인공지능에서 널리 활용되는 기법으로 고차원 데이터의 복잡성을 줄이고 중요한 정보를 강조하는 역할을 한다.

이들 기법의 기능을 '체(Sieve)'에 비유할 수 있다. 형태가 제각각인 모래와 자갈이 뒤섞인 혼합물을 적당한 크기의 눈을 가진 체로 거르면 모래와 자갈을 쉽게 분리할 수 있다. 같은 이치로 고차원의 복잡한 정보에서 중요한 정보(예: 모래)를 걸러내고 덜 중요한 정보(예: 자갈)를 제거할 수 있다. 차원 축소는 불필요한 차원을 제거하며 특성 추출은 덜 중요한 특성을 제외하고 중요한 특성을 찾는 데 사용된다. 이런 기법을 잘 활용하면 정보의 양을 줄이거나 복잡성을 완화하여 인간이 이해하기 쉬운 형태로 가공할 수 있다.

이것이 바로 설명 가능 인공지능의 비결이다. 우리가 인공지능의 역사를 통해 살펴보았듯이 현대 AI의 이해를 가로막는 가장 큰 걸림돌이 바로 규모와 복잡성이다. 따라서 불투명성을 해결하기 위해서는 AI 모델의 복잡성과 규모를 축소해야 한다. 이를 위해 다양한 함수, 알고리즘, 시각화 도구 등이 개발되었다. 실제로는 설명 가능 인공지능 모델에 한 가지 기법만이 사용되는 경우는 드물고 일반적으로 여러 기법을 조합하여 설명 모델을 설계하게 된다.

설명 가능 인공지능의 진정한 목표

여기서 꼭 기억해야 할 것은 어떤 설명 가능 인공지능도 AI를 있는 그대로 설명하지 않는다는 점이다. 다시 말하지만 복잡한 AI 모델을 있는 그대로 보여주면 인간의 능력으로는 이해할 수 없다. 인간이 이해할 수 없는 설명은 설명이라고 할 수 없으므로 설명 가능 인공지능은 복잡성을 어떤 방식으로든 단순화할 수밖에 없다.

이때 필연적으로 정보 손실과 왜곡 가능성이 발생하게 된다. 이 상황을 이해하기 위해 설명 가능 인공지능을 '지도'와 비교해 보자. 우리는 지도를 통해 길 찾기, 위치 파악, 거리 계산 등 다양한 목적을 달성할 수 있다. 하지만 지도가 보여주는 것은 현실의 축소된 모습일 뿐 실제 지형과 완벽히 동일하지 않다.

그러나 반대로 생각해보면 실제 지형과 동일한 지도는 오히려 쓸모가 없다는 것을 알 수 있다. 너무 디테일해서 지도가 원본 지형과 크기가 동일하다고 해보자. 그것을 지도라고 부를 수 있을까? 설명 가능 인공지능이 마주한 상황도 이와 비슷하다. 지도 제작자가 목적에 따라 정보를 선별하듯 설명 가능 인공지능도 목적과 상황에 맞도록 정보를 가공해야 한다.

따라서 단순히 정확한 정보를 나열하는 것만으로는 좋은 설명이 될 수 없다. 정확성은 중요한 요소이지만 만약 그 정확성이 오히려 설명의 목적을 방해하거나 사용자의 이해를 어렵게 만든다면 정확성을 조정할 필요가 있다. 따라서 좋은 설명이란 정확도(Accuracy)와 이해가능성(Interpretability)사이의 적절한 균형을 유지한 설명이다.

그러므로 설명 가능 인공지능의 진정한 목표는 가장 정확한 설명을 제공하는 것이 아니라 가장 유용한 설명을 제공하는 것이다. 유용한 설명이란 사용자가 모델의 의사결정 과정을 이해하고 신뢰할 수 있도록 돕는 설명이다. 설명의 유용성은 단순히 정보의 양이나 정확성만으로 평가될 수 없으며 사용자의 요구와 상황적 맥락에 따라 달라진다. 이 책의 후반부에서 우리는 이 주제로 돌아올 것이다.

05
설명 가능 인공지능의 구현

설명 가능 인공지능의 목표는 인공지능의 복잡한 결정 과정을 인간이 이해할 수 있는 형태로 가공하고 전달하는 것이다.
이 장에서는 구체적인 사례를 통해 설명 가능 인공지능 모델에 어떤 종류가 있으며, 특징이 어떻게 다른지, 그리고 각각의 모델이 어떤 상황에서 효과적으로 사용될 수 있는지 논의해보자.

AI와 아이돌?

중요도 기반 설명

중요도 표현은 가장 널리 이용되는 설명 방법 중 하나로 입력 데이터 중에서 결과에 가장 큰 영향을 미친 것을 강조하여 보여주는 방법이다. 이 방법은 입력 데이터의 중요도를 히트맵(Heat Map) 형태로 시각화하여 직관적인 설명을 제공할 수 있어 비전문가도 쉽게 이해할 수 있다는 장점이 있다. 중요도 표현의 핵심은 입력 요소별 중요도를 정량적으로 계산하는 것으로 그래디언트 기반(Gradient-based), 마스킹 기반(Masking-based), 분해 기반(Decomposition-based) 등의 다양한 방법이 사용된다. 이러한 기법들은 각각 다른 방식으로 모델의 특성, 변수, 입력 데이터 등이 결과에 미치는 영향을 정량화한다.

마스킹 기반 방법은 입력 데이터의 특정 부분을 제거하거나 변형한 후 AI의 처리 과정이나 결괏값의 변화를 추적하는 기법이다. 이때 마스킹으로 인한 변화가 클수록 해당 영역이 모델의 의사 결정에 미치는 영향력이 크다고 판단할 수 있다. 대표적인 마스킹 방법으로는 단순 가림 분석(Occlusion Sensitivity)과 의미 있는 교란(Meaningful Perturbation) 방식 등이 있다.

분해 기반 방법은 AI의 최종 예측값을 각 입력 요소들의 개별적인 기여도 합으로 분해해 중요도를 평가하는 기법이다. 예를 들어 이 기법 중 하나인 계층별 관련성 전파(Layer-wise Relevance Propagation)는 신경망의 층(Layer)별로 신경망을 분해한 뒤, 출력에서 입력 방향으로 관련성을 역전파하면서 각 입력 요소(예: 픽셀, 특징)의 기여도를 계산한다. 반면 SHAP(SHapley Additive exPlanations)는 게임 이론(Game Theory)의 샤플리 값(Shapley Value)을 기반으로 하는 모델 해석 방법이다. 이 방법은 입력값의 특징들의 모든 가능한 조합에 대해 결괏값을 계산함으로써 각 특징의 기여도를 평가한다. 그래디언트 기반 방법은 특히 딥러닝에 적합한 기법이다. 여기에도 그래디언트 통합(Integrated Gradients), Grad-CAM(Gradient-weighted Class Activation Mapping) 등의 다양한 기법이 사용된다.

이처럼 다양한 중요도 표현 기법이 개발되고 응용되고 있다. 여기서는 Gad-CAM 기법의 활용을 살펴보면서 이 기법이 설명 가능 인공지능에 구체적으로 어떻게 활용되는지 살펴보자. Grad-CAM은 그래디언트 기반 방법으로 이미지 처리에 많이 쓰이는 합성곱 신경망(Convolutional Neural Network)에 특화된 설명 알고리즘이다. 이 기법은 먼저 합성곱 신경망의 마지막 층에서 특징 지도(Feature Map)를 추출한 뒤 이를 기준으로 그래디언트를 계산해서 특징 맵의 중요도를 나타내는 클래스 활성화 지도(Class Activation Map)를 만든다. 마지막으로 활성화 지도를 원본 이미지 위에 겹쳐서(Overlay) 중요도를 시각화한 히트 맵을 출력한다(Selvaraju, et al. 2017).

이 설명의 핵심 아이디어는 "모델의 결과에 가장 큰 영향을 준 이미지 영역(중요도가 높은 영역)이 바로 결과의 원인 혹은 이유"라는 것이다. 예를 들어 신경망이 여러 물체가 있는 사진에서 사과를 인식했다고 가정해 보자. 일반적인 블랙박스 AI 모델이라면 이러한 판단의 이유를 알기 어렵다. 하지만 Grad-CAM이 생성한 히트 맵에 사과에 해당하는 부분이 진한 색으로 강조되어 있다면 AI가 사진의 그 부분을 '주목해서 보고' 사과라고 판단했다는 것을 알 수 있다. 즉 그 부분이 AI가 사과라는 판단을 내린 이유인 것이다.

이 방식을 텍스트 처리에도 적용할 수 있다. 예를 들어 AI의 대화 내용을 분석할 때 중요도 표현 방법을 이용해 핵심 단어나 문구를 강조 표시하는 설명 모델을 이용하면 AI가 어떤 단어를 키워드로 파악했는지 알 수 있다. 이처럼 중요도 표현 기법은 AI의 판단 이유를 직관적으로 시각화하는 데 효과적이다.

규칙 기반 설명

앞 장에서 언급한 것처럼 딥러닝 모델에 결정 트리 방식을 그대로 적용하기는 어렵다. 그러나 규칙 기반 설명은 의사 결정의 명확한 조건과 기준을 제시할 수 있어 상황에 따라 유용한 설명 방식이다. 그렇기 때문에 딥러닝에도 이 방법을 적용하기 위한 기법들이 개발되었다. 이를 위해 전체 모델의 복잡한 동작을 단순화된 규칙으로 근사하는 방법, 지역적인 규칙을 추출하는 방법, 계층적으로 규칙을 생성하는 방법 등의 다양한 기법이 사용된다.

예를 들어 룰핏(Rulefit) 알고리즘은 두 단계의 과정을 거쳐 규칙 트리를 만든다(Friedman & Popescu, 2008). 첫 번째 단계에서는 앙상블 방법을 사용해서 규칙을 생성한다. 그러나 복잡한 신경망의 경우에는 매우 많은 수의 규칙이 생성되기 때문에 규칙의 수를 줄여야 한다. 따라서 두 번째 단계에서 Lasso 기법을 활용해서 중요성이 큰 규칙만 남기게 된다. 이런 식으로 결정 트리 형태의 설명을 얻을 수 있으나 종종 너무 많은 규칙이 생성되거나 직관적으로 해석되지 않을 때도 있다. 그런 경우 각 규칙의 중요도를 구해 설명을 보완하는 방법이 사용된다.

또 다른 기법인 앵커(Anchor) 알고리즘은 특정 데이터 포인트에 대해서 규칙을 찾는 기법이다(Ribeiro, et al. 2018). 여기서 앵커란 결괏값을 '고정'시킬 가능성이 높은 조건을 의미한다. 복잡한 신경망에서 결과를 100% 고정시키는 조건은 거의 존재하지 않기 때문에 확률이 높은 것들만 추려내게 된다. 예를 들어 90% 확률로 결과를 고정시키는 앵커라면 신경망에 대한 상당히 좋은 정보로 평가할 수 있다. 그러나 앵커는 특정 데이터 포인트 주변을 탐색하기 때문에 범위가 제한적인, 즉 지역적(local)인 설명이라는 한계가 있다.

이처럼 규칙 기반 설명은 'If-Then' 형태의 규칙을 제공하기 때문에 설명이 명료하다는 장점이 있지만 많은 조건을 단순화해야 하는 한계가 있다. 또한 규칙이 정적(static)이기 때문에 동적인 데이터나 비선형적인 모델에 적합하지 않다. 그럼에도 설명이 명확하다는 장점이 있기 때문에 높은 정확도와 신뢰성이 요구되는 분야에서 사용된다.

메커니즘 기반 설명

앞의 방법들은 주로 입력과 출력 간의 관계를 분석하는

데 초점을 맞춘 방법이다. 반면 메커니즘 기반 설명 방법은 신경망의 내부 작동 메커니즘을 직접 분석하는 기법이다. 이 기법은 모델의 각 층이나 뉴런이 어떻게 활성화되는지, 어떤 특징을 학습했는지, 그리고 정보가 어떻게 변환되는지를 시각화하거나 분석한다. 학습된 특징을 분석하기 위한 특징 시각화(Feature Visualization)이나 딥 드림(Deep Dream), 신경망 구조를 분석하는 그래프 시각화(Graph Visualization), ActiVis 등이 이 목적을 위한 모델이다.

그중에서 CNN-vis(Convolutional Neural Network Visualization) 모델을 통해 이 접근법을 어떻게 적용하는지 살펴보자(Liu, et al. 2018). 이 설명 가능 인공지능은 합성곱 신경망에서 뉴런의 활성도를 추적, 개별 뉴런이 학습한 이미지 특징(feature), 뉴런 사이의 연결 강도 등을 시각적으로 표현한 네트워크 맵(network map)을 생성한다. 네트워크 맵을 통해 각각의 뉴런이 어떤 이미지 정보를 담고 있고, 그 정보가 어떤 경로를 통해서 다음 뉴런으로 전달되는지 시각적으로 확인할 수 있다. 또한 이 맵은 전체 신경망의 구조를 파악하는 데도 유용하다.

그러나 보통 딥러닝 신경망에서는 수백만 개의 뉴런이 있기 때문에 이 도표 안에 모든 뉴런을 표시하는 것은 현실적이지 않다. 따라서 CNN-vis는 뉴런을 비슷한 역할을 하는 뉴런을 그룹으로 묶거나(클러스터링) 특정 계층만을 필터링하는 등의 기법을 사용해서 중요한 뉴런만을 선별한다.

또 다른 예로 t-SNE(t-Distributed Stochastic Neighbor Embedding) 기법을 이용한 표상 공간 시각화(Representation Space Visualization) 모델을 살펴보자(Rauber, 2017). 예를 들어 한 합성곱 신경망에게 0에서 9까지의 손으로 쓴 글씨 이미지를 학습시켰다고 하자. 이 신경망에 이 기법을 적용하면 각 숫자 클래스에 대해 활성화되는 뉴런을 t-SNE 공간에 투영해준다. 학습이 진행됨에 따라서 같은 클래스(예: 숫자 '3')에 연관된 뉴런이 인접한 공간에 모이는 것을 확인할 수 있다. 만약 뉴런이 잘 모이면 효과적으로 학습하고 있음을 의미하며 반대로 뉴런이 분산되어 있다면 학습이 제대로 이루어지지 않은 것이다.

이와 같은 메커니즘 기반 설명은 신경망에 대한 직접적인 설명을 제공하는 장점이 있다. 이 설명은 정확하고 풍부한 정보를 포함하고 있지만 이를 이해하는 데에는 상당한 수준의 전문 지식이 요구된다. 그렇기 때문에 개발자나 전문가에게는 유용한 도구이지만 비전문가나 일반 사용자가 활용하기에는 어려움이 따른다.

지금까지 설명 가능 인공지능의 다양한 구현 사례를 살펴보았다. 중요도 기반 설명, 규칙 기반 설명, 메커니즘 기반 설명 각각은 서로 다른 접근법을 통해 인공지능의 복잡한 의사결정 과정을 이해할 수 있도록 돕는다. 각 방법은 특정 상황과 목적에 따라 효과적으로 사용될 수 있으며 이들 기법의 조합을 통해 보다 풍부하고 정확한 설명을 제공할 수 있다.

그러나 이는 전체 설명 기법 중 일부에 불과하며 설명 가능성을 확보하기 위한 접근 방식은 훨씬 다양하다. 다음 장에서는 이러한 설명 가능 인공지능 모델에 대한 보다 체계적인 분류 체계를 살펴볼 것이다. 이를 통해 각 범주별 특징과 장단점을 보다 심도 깊게 논의하자.

참고문헌

Friedman., et al.(2008) predictive learning via rule ensembles. *The Annals of Applied Statistics*, 2(3), pp.916-954.

Liu, M., et al.(2016). Towards better analysis of deep convolutional neural networks. *IEEE transactions on visualization and computer graphics*, 23(1), pp.91-100.

Rauber, P.(2016). Visual analytics applied to image analysis. *Proceedings of the Visual Analytics Science and Technology*, 23(1).

Ribeiro, M. T., et al.(2018). Anchors: High-precision model-agnostic explanations. *In Proceedings of the AAAI conference on artificial intelligence.* 32(1).

Selvaraju, R. R., et al.(2016). Grad-CAM: Why did you say that?. arXiv:1611.07450.

06

설명 가능 인공지능 모델의 분류

설명 가능 인공지능을 보다 체계적으로 이해하기 위해, 설명 모델의 분류 체계를 살펴보자. 설명 모델은 목적, 적용 범위, 설명 방식 등 여러 기준에 따라 다양한 유형으로 나뉘며 각각의 유형은 서로 다른 상황과 목적에 적합성을 가지고 있다. 이를 통해 설명 가능 인공지능 기술을 효과적으로 사용하기 위해 필요한 조건에 대한 통찰을 얻을 수 있을 것이다.

AI와 야구?

내재적 설명 vs. 사후적 설명

설명 가능 인공지능 모델은 이해 가능성을 확보하는 방식에 따라 내재적 설명과 사후적 설명으로 구분될 수 있다. 내재적 설명이란 인공지능 모델 자체를 이해 가능하도록 설계하는 방법이다. 인공지능 모델 중 선형회귀(Linear Regression), 베이즈 분류기(Naive Bayes Classifier) 등이 이 기법에 속한다. 이런 모델들은 기본적으로 사람이 이해할 수 있는 구조와 작동 방식을 가지고 있으므로 추가적인 해석 과정이 필요하지 않다.

내재적 설명이 가능하면서도 높은 성능을 갖춘 인공지능을 개발할 수 있다면 그것은 최상의 설명 가능 인공지능 모델이 될 것이다. 그러나 앞서 언급한 이해 가능성과 성능 간의 상충 관계가 여기서 문제가 된다. 이들 모델은 이해 가능한 대신 성능이 낮다. 이 한계를 극복하기 위해 많은 연구자들이 노력하고 있으나 지금의 상황을 보면 단기간에 극복될 것으로 보이지 않는다.

그렇기 때문에 설명 가능 인공지능 모델의 다수가 사후적 설명 방식이다. 이 방법은 원 AI와 분리된 별도의 설명 가능 인공지능 모델을 이용한다. 설명 대상 AI와 설명을 하는 AI가 별개이므로 이해 가능성과 높은 성능을 동시에 유지할 수 있다는 장점이 있다. 그러나 이 경우

별도의 모델을 이용하므로 설명이 인공지능의 실제 작동을 정확하게 반영한다는 것을 보장해야 한다. 사후적 설명 모델은 어떤 방식으로든 원래 인공지능 모델의 복잡한 의사결정 과정을 단순화하여 제공할 수밖에 없기 때문이다. 따라서 대상 AI에 대한 정확하면서도 이해 가능한 설명을 설계하는 것이 사후적 설명의 핵심적인 목표가 된다.

전역적 설명 vs. 지역적 설명

이것은 설명의 범위에 따른 구분이다. 전역적 설명은 대상 인공지능의 전체적인 작동을 분석하는 것을 목표로 하며 AI가 어떤 방식으로 데이터를 처리하고 예측을 수행하는지를 설명한다. 이 접근에는 전체 데이터에 대한 학습 패턴, 특징들을 처리하는 방식, 뉴런 간의 상호 작용 분석 등이 포함된다. 이를 통해서 인공지능 모델의 전체적인 일관성과 신뢰성을 평가할 수 있다.

전역적 설명은 전반적인 패턴을 설명할 수 있지만 특정 입력값에 대한 구체적인 설명을 제공하는 데는 한계를 보인다. 전체적인 구조와 작동 과정을 일반화하는 과정에서 세부적인 디테일이 소거되기 쉽기 때문이다. 그 결과 개별 사례에 대한 설명력이 약화될 위험이 있다.

개별 사례에 대한 설명이 필요한 경우 지역적 설명이 요구된다. 예를 들어 특정 환자에 대해 왜 특정 질병을 예측했는지 설명해야 하는 경우나 금융 대출 심사에서 어떤 요인이 대출 승인 또는 거절에 결정적인 영향을 미쳤는지를 분석해야 하는 경우에는 개별 예측값에 대한 구체적인 설명이 필요하다.

지역적 설명은 전반적인 작동이 아니라 특정 입력값에 초점을 두고 설명을 하는 기법이다. 이 설명 방식은 특정 사례에 대한 구체적인 원인이나 이유를 제공할 수 있다는 장점이 있다. 반면 설명의 범위가 제한적이라는 단점이 있다. 따라서 지역적 설명이 신뢰성을 가지려면 모델의 전반적인 작동 방식과 일관성을 가져야 한다.

이처럼 전역적 설명과 지역적 설명은 각각 장단점이 있다. 현실적으로 설명 가능 인공지능 시스템에서는 두 방법을 적절히 결합하여 활용하게 된다. 그런 의미에서 두 설명 방식은 서로 대체하는 것이 아니라 상호 보완적인 역할을 한다. 하나의 설명 방식이 전역적 설명과 지역적 설명의 역할을 모두 수행할 수 있다면 이상적이겠지만 그런 모델을 구현하는 것은 현재 기술로는 어렵다.

모델 무관 설명 vs. 모델 특정 설명

설명 가능 인공지능은 설명 기법이 특정 모델에 종속되는지에 따라 모델 무관 설명과 모델 특정 설명으로 구분될 수 있다.

모델 무관 설명은 특정 알고리즘에 국한되지 않고 일반적으로 적용할 수 있는 해석 방법이다. 인공지능 모델마다 내부 구조와 처리 과정이 천차만별이기 때문에 이 기법에서는 보통 외부에서 확인 가능한 입력과 출력에 초점을 두고 분석을 하게 된다. 예를 들면 특징 중요도 분석(Feature Importance Analysis) 기법의 경우 입력값을 조작했을 때 일어나는 결괏값의 변화를 확인하는 방식을 사용한다. 학습(Pedagogy) 기법의 경우, 대상 인공지능을 블랙박스로 취급하고 설명 가능 인공지능 모델이 입력과 출력 간의 관계만을 학습하도록 설계된다.

반면 모델 특정 설명은 모델의 내부 구조를 직접 분석한다. 직접적으로 분석하기 때문에 설명의 신뢰성과 정확성이 상대적으로 높다는 장점이 있다. 모델 특정 설명의 예로 앞서 살펴본 grad-CAM과 CNN-vis 등을 들 수 있다. 이 두 기법은 합성곱 신경망이라는 특정한 종류의 신경망을 설명하는 전문적인 모델이다. 그러나 모델 특정 설명은 특정 유형에만 적용 가능하므로 AI 모델마다 각각 설명 모델을 개발해야 한다는 단점이 있다. 그것은 개발과 운용에 부담이 된다.

설명 방식의 비교와 조합의 필요성

이 외에도 다양한 기준으로 설명 가능 인공지능을 분류할 수 있다. 설명의 매체가 무엇이냐에 따라 텍스트 기반, 수치 기반, 시각화 기반 등으로 나눌 수 있고 설명을 제공받는 대상이 누구냐에 따라 개발자 중심, 도메인 전문가 중심, 일반 사용자 중심 등으로도 나눌 수도 있다.

이들 다양한 종류의 설명 가능 인공지능 모델들은 각각 다른 특징을 가지고 있고, 따라서 장단점이 다르다. 이 사실은 중요한 시사점을 준다. 그것은 설명의 목적과 대상에 따라 적절한 설명 기법을 선택하는 것이 효과적으로 설명 가능 인공지능을 활용하기 위해 필수적이라는 점이다.

이 장에서 살펴본 설명 가능 인공지능의 분류를 통해 그 이유를 정리해보자. 이상적인 관점에서는 사후적 설명보다 내재적 설명이 더 바람직하다. 내재적 설명은 추가적인 설명 과정이 필요하지 않고 설명이 직접적이라는 장점이 있다. 반면 사후적 설명은 별도의 설명 모델을 설계하고 신뢰성을 검증해야 하는 추가적인 부담을 요구한다. 그러나 현재 기술로는 내재적 설명 방식만으로 높은 성능을 확보하기 어렵기 때문에 실제 AI 시스템에서는 여전히 사후적 설명 방법이 널리 사용된다. 따라서 실용적으로는 내재적 설명과 사후적 설명의 장점을 적절히 결합하여 활용하는 것이 최선이다.

전역적 설명과 지역적 설명의 경우도 마찬가지이다. 전역적 설명은 모델이 전반적으로 따르는 의사결정 패턴을 분석하는 데 유용하지만 개별 예측값에 대한 세부적인 설명을 제공하지 못하는 한계가 있다. 반면 지역적 설명은 특정 입력값에 대한 상세한 해석을 제공할 수 있지만 모델 전체의 구조와 일관성을 평가하는 데는 한계를 가진다. 두 목적 모두에 적합한 이상적인 설명이 존재한다면 두 방식을 따로 구분할 필요가 없을 것이다. 그러나 현재 기술 수준에서는 두 역할을 완벽하게 수행하는 하나의 모델은 존재하지 않는다. 따라서 실용적으로는 두 설명 방식을 필요에 따라 적절히 조합하여 활용하게 된다.

모델 무관 설명과 모델 특정 설명도 마찬가지다. 이론적으로는 모든 모델에서 적용 가능하면서도 모델의 내부 구조를 정확하게 반영하는 설명 방식이 존재한다면 두 방식을 따로 구분할 필요가 없을 것이다. 그러나 현재 이러한 이상적인 설명 모델은 존재하지 않는다.

그러므로 설명 가능 인공지능을 효과적으로 활용하기 위한 열쇠는 설명의 목적, 대상, 배경 등을 정확하게 고려하여 적합한 설명 모델을 선택하거나 조합하는 것이다. 다음 장에서 이러한 과제가 현재 어떻게 해결되고 있는지, 실제 사례를 통해 살펴보도록 하자.

07
설명 가능 인공지능의 응용

지금까지 설명 가능 인공지능의 원리와 종류를 살펴보았다. 이제 의료, 금융, 법률, 자율 주행, 추천 시스템 등 다양한 분야에서 설명 가능 인공지능이 AI의 신뢰성과 안전성을 위해 실제로 어떻게 활용되는지 알아보자.

AI와 운동주?

신뢰성 검증을 위한 설명 가능 인공지능

설명 가능 인공지능의 목적 중 하나는 대상 인공지능의 정확성과 신뢰성을 검증하는 것이다. 이를 위해 다양한 연구자들이 설명 기법을 활용하여 모델의 예측이 얼마나 신뢰할 수 있는지 평가하는 방법을 개발하고 있다.

이와 관련된 중요한 연구로 라이베이로와 동료들이 진행한 실험이 있다(Ribeiro, 2016). 이들은 설명 가능 인공지능 기법을 활용하여 블랙박스 모델의 예측을 분석하고 인공지능의 신뢰성을 검증할 수 있음을 보여주었다.

이 실험에서 설명 가능 인공지능을 적용한 대상은 학습을 통해 이미지 속 동물이 '개(허스키)'인지 '늑대'인지 구분하는 AI 모델이었다. 여기서 연구진은 일종의 편법을 가능하게 했는데 늑대가 등장하는 이미지는 '눈 덮인 배경'을 포함하고 개가 있는 이미지는 그렇지 않도록 의도적으로 학습 이미지를 구성한 것이다.

여기서 두 가지 가능성이 생긴다. 첫 번째 가능성은 신경망이 이미지 속 동물의 특징(예: 얼굴, 털의 색깔, 신체 구조 등)을 보고 개인지 늑대인지 판단을 내린 경우이다. 이것은 우리가 원하는 올바른 학습이라고 할 수 있다. 두 번째 가능성은 신경망이 동물의 특징이 아니라 이미지의 배경(예: 눈이 있는지 여부)을 기준으로 판단을 내린 경우다. 이것은 모델이 본질적인 차이를 학습한 것이 아니라 데이터 세트의 우연한 특성을 학습한 것이므로 올바른 학습이 아니다.

블랙박스 AI의 경우에는 둘 중 어떤 학습을 했는지를 확인할 방법이 없다. 서론에서 언급한 것처럼 이것은 인공지능의 신뢰성과 안정성을 위협하는 문제가 된다. 실험에서는 의도적으로 편법을 열어줬기 때문에 가능성을 쉽게 인지할 수 있었지만 실제로는 이런 편법의 가능성이 무궁무진하기 때문에 모든 위험을 사전에 예측하기란 현실적으로 불가능하다.

인공지능 학계에서는 신경망이 학습 데이터 내에 존재하는 원치 않는 숨겨진 특성(또는 편법적 특징)을 이용해 문제를 해결하는 현상을 "클레버 한스(Clever Hans) 효과"라고 부른다(Lapuschkin, et al. 2019).

"클레버 한스"는 원래 20세기 초 독일에서 유명했던 한 말의 이름이다. 이 말은 수학 문제 풀이 등에서 인간 수준의 인지 능력을 보여주는 것처럼 보였으나 실제로는 문제를 푼 게 아니라 주인의 미묘한 신호나 주변 반응에 따라 행동한 것이었다. 마찬가지로 인공지능 모델이 실제 문제 해결의 핵심 원리를 학습하기보다는 데이터

내에 존재하는 우연한 단서에 의존해 높은 성능을 보이는 현상을 클레버 한스 효과라고 부른다.

많은 클레버 한스 효과가 실제로 발견되었다. 알려진 예로 PASCAL VOC 2007이라는 데이터 세트에는 다수의 말 이미지가 포함되었는데 모두 동일한 출처 태그(tag)가 붙어 있었다. 나중에 밝혀진 바로는 여러 인공지능 모델이 말의 형태나 특징을 학습한 것이 아니라 이 태그의 유무로 말 이미지를 찾아내고 있었다. 또한 자율 주행 인공지능이 보행자(사람)를 인식하는 것이 아니라 배경에 있는 횡단보도를 학습한 사례가 뒤늦게 밝혀지기도 했다. 그로 인해 횡단보도가 존재하지 않는 경우에는 인공지능이 보행자를 감지하지 못하는 위험한 상황이 발생할 가능성이 있었다.

라이베이로의 연구는 설명 가능 인공지능이 이러한 문제를 검증하는 데 효과적으로 활용될 수 있음을 입증했다. 연구진은 LIME(Local Interpretable Model-agnostic Explanations) 기법을 이용하였다. LIME 기법은 중요도 표현 기법의 하나로 입력 이미지에서 중요도가 높은 부분만을 남기고 나머지는 삭제한다. 이 방법을 이미지 인식 AI에 적용한 결과, 늑대가 아니라 이미지 속 배경(즉, 눈 덮인 환경)을 기준으로 결정을 내리는 것이 확인되었다.

즉, 설명 가능 인공지능 기법을 이용해서 학습이 올바로 이뤄지지 않았다는 것을 찾아내는 데 성공한 것이다.

더 나아가 연구진은 이 결과를 사용자에게 보여주었다. 예상대로 사람들은 그 사실을 인지하고 AI 모델을 신뢰할 수 없다는 결론을 내렸다. 따라서 설명 가능 인공지능은 단순히 AI 모델의 내부 작동 원리를 분석하는 역할을 넘어 실제 사용자가 AI의 결정을 이해하고 신뢰할 수 있도록 도울 수 있다.

설명 가능 인공지능의 상용화 사례

이와 같은 방식의 활용은 상용화되어 금융, 의료, 자율주행, 법률, 산업 자동화 등 여러 분야에서 적극적으로 활용되고 있다.

뷰노(VUNO)에서 개발한 뷰노메드 본에이지(VUNO Med-BoneAge: 이하 본에이지)는 한국에서 최초로 허가받은 인공지능 의료기기이다. 이것은 뼈 X-ray 영상을 분석하여 소아청소년의 골 연령을 판독하는 인공지능으로, 골 연령은 성장 장애를 판정하고 예상 성장 속도를 예측하는 지표이다. 이 장비는 의사의 판독을 보조하여 판독 시간을 최대 40% 줄여준다(Kim, et al. 2017).

그러나 결과만을 보여준다면 의료진은 AI가 어떤 근

거로 해당 연령을 도출했는지 알 수 없다. 이 문제를 해결하기 위해 본에이지에는 설명 가능 인공지능 기법이 적용되었다. 본에이지에는 인공지능 모델이 영상에서 중요하게 참고한 부분을 히트맵 형태로 시각화해서 보여주는 패널이 있다. 이를 통해 의사는 인공지능이 올바른 부위(이 경우에는 성장판)를 보고 결과를 도출했는지 확인할 수 있다.

이러한 설명 가능 인공지능의 응용은 인공지능의 판단 근거를 보다 명확하게 함으로써 사용자가 결과를 신뢰하는 데 도움을 준다. 금융 분야에서도 최근 카카오뱅크와 IBK기업은행은 AI 기반 신용평가 시스템에 설명 가능 인공지능을 적용하여 대출 승인 및 거절 이유를 고객과 내부 심사 담당자가 이해할 수 있도록 개선하였다. 고객은 자신의 신용 점수가 낮은 이유(예: 연체 이력, 소득 대비 부채 비율 등)를 구체적으로 확인할 수 있으며 내부 심사 담당자는 AI 모델이 내린 결정을 검토하고 신뢰성을 평가할 수 있다.

또 다른 신뢰성이 중요한 분야인 자율 주행에서도 설명 가능 인공지능 기술은 필수적인 역할을 하고 있다. 웨이모(Waymo)와 테슬라(Tesla) 같은 자율 주행 자동차 기업들은 AI 모델이 특정 장애물이나 보행자를 감지하는 과정을 설명할 수 있도록 설명 가능 인공지능 기술을 도입했다.

이 기술의 선두 주자인 테슬라의 FSD(Full Self Driving) 시스템은 네비게이션 패널을 통해 운전자가 현재 인공지능의 상태를 확인할 수 있도록 한다(https://www.tesla.com/ko_kr/support/full-self-driving-computer). 이 시스템은 차량 주변의 도로 객체(예: 다른 차량, 보행자, 자전거, 신호등)를 실시간으로 감지하고 패널에 시각적으로 표시해준다. 탑승자는 이를 통해서 주위 사물을 인공지능이 정확하게 인식하고 반응하는지 확인할 수 있다. 그를 통해 AI가 특정한 주행 행동(예: 차선 변경, 감속, 정지 등)을 수행한 이유를 이해할 수 있다. 예를 들어 주행 중 FSD가 급제동을 했다고 하자. 이때 패널에 보행자가 표시되었다면 탑승자는 인공지능이 보행자를 발견했기 때문에 브레이크를 작동시켰다는 것을 알 수 있다. 이러한 기능은 예상치 못한 상황에서 AI의 오류를 조기에 감지하는 데 도움이 된다.

성능 향상을 위한 설명 가능 인공지능

나아가 설명 가능 인공지능은 AI의 개발과 성능 향상에도 중요한 역할을 하고 있다. 많은 사례가 있지만, KAIST의

예종철 교수 연구팀의 연구를 통해 이 용도로 설명 가능 인공지능이 어떻게 활용되는지 살펴보자. 연구팀은 흉부 X-ray 영상을 분석하여 폐 질환 진단을 수행하는 인공지능을 연구하는 과정에서, 특정 영역에서 해상도가 떨어지는 현상을 발견했다. 문제의 원인을 찾기 위해 연구진은 심층 합성곱 프레임렛(Deep Convolution Framelet)이라는 설명 모델을 개발했다(Ye, et al. 2018). 이 설명 모델을 이용해 대상 인공지능(이 경우 U-net)을 분석한 결과 특정 주파수대에서 정보가 소실되는 문제가 발견되었다. 그 부분을 보완하는 필터를 추가하자 문제가 되었다 해상도가 향상되었다.

이처럼 설명 가능 인공지능은 AI 모델의 개발을 위한 성능 진단 도구, 신뢰성 검사 도구, 오류 탐지, 모델 최적화 등 다양한 영역에서 기여할 수 있다. 이처럼 설명 모델은 단순히 '왜?'라는 질문에 답하는 것을 넘어 AI 모델의 품질 향상과 안전성 강화를 위한 실질적인 도구로 기능하고 있다. 앞으로 설명 가능 인공지능의 역할은 더욱 중요해지고 확대될 것이다. AI 시스템의 투명성과 신뢰성에 대한 요구가 점점 커지고 있기 때문이다.

참고문헌

Kim, J. R., et al.(2017). Computerized bone age estimation using deep learning based program: evaluation of the accuracy and efficiency. *American Journal of Roentgenology*, 209(6), pp.1374–1380.

Lapuschkin, S., et al.(2019). Unmasking Clever Hans predictors and assessing what machines really learn. *Nature communications*, 10(1), p.1096.

Ribeiro, M. T., et al.(2016). "Why should I trust you?" Explaining the predictions of any classifier. *In Proceedings of the 22nd ACM SIGKDD international conference on knowledge discovery and data mining*, pp.1135–1144.

Ye, J. C., et al.(2018). Deep convolutional framelets: A general deep learning framework for inverse problems. *SIAM Journalon Imaging Sciences*, 11(2), pp.991–1048.

08
이해를 위한 설명 가능 인공지능

설명 가능 인공지능의 궁극적인 목표는 사용자의 이해를 돕는 데 있다. 이해는 단순히 기술적인 설명에서 끝나는 것이 아니라 사용자와 AI 간의 상호 작용과 신뢰를 형성하는 과정까지 포함하는 넓은 개념이다. 이 장에서는 사용자의 이해를 증진하기 위해 어떤 기법과 전략이 사용되는지 알아보자.

AI와 한의학?

규칙 list:

1.

만약 STDs=1(성병에 걸린 적이 있음)이라면 양성(positive) 확률은 0.16049383입니다.

· 이 조건은 규칙 번호 216에 해당합니다.

2.

그렇지 않은 경우

Hormonal.Contraceptives.years=[0,10](호르몬 피임약 사용 기간이 0~10년 사이), 양성(positive) 확률은 0.04685408입니다.

· 이 조건은 규칙 번호 82에 해당합니다.

3.

기본 조건(Default Rule): 위의 조건에 해당하지 않는 경우, 양성(positive) 확률은 0.27777778입니다.

이것은 규칙 기반(Rule-based) 방법으로 의료 AI가 암 가능성을 판정한 이유를 설명한 사례다. 이 설명에는 구체적인 조건(성병 여부, 호르몬 피임약 사용 기간 등)과 그에 따른 양성 확률 등이 명시적으로 제시되어 있다. 이 설명 방식은 특정 조건에 따라 AI가 어떤 판단을 내렸는지를 명확히 보여주기 때문에 전문가가 AI의 의사결정 과정을 이해하는 데 적합하다.

그러나 관련 지식이 없는 일반 사용자가 이 설명을 이해하기는 어렵다. 의학적 배경지식이 없는 환자나 사용자에게는 조건(STDs, 호르몬 피임약 사용 기간 등)과 그에 따른 양성 확률의 관계가 명확히 와닿지 않을 수 있다. 일반 사용자를 위한 설명이라면 "과거에 성병을 앓은 적이 있는 경우, 암 발생 가능성이 16%로 높아집니다", "호르몬 피임약을 10년 이하로 사용한 경우, 암 발생 가능성은 4.7%로 낮아집니다"처럼 조건을 말로 풀어서 설명해 줄 필요가 있다. 또한 숫자만 제시하는 대신 도표나 그래프를 사용하여 각 조건에서의 암 발생 가능성을 시각적으로 보여주면 이해가 더 쉬워진다.

이처럼 사용자가 누구냐에 따라서 적합한 설명의 방법이 달라진다. 따라서 사용자의 지식수준, 배경, 요구 등을 고려해서 적절하게 설계된 설명이 이해의 측면에서 좋은 설명이다. 사용자에 적합하지 않은 설명은 무관심이나 불이해를 불러올 수 있고 더 심각하게는 오류와 착각을 유발할 가능성도 있다.

설명의 이런 특성을 전문 용어로 비기능적 요구사항

(Non-functional Requirement)이라고 한다(Chazette, et al. 2020). 연구에 따르면 사용성(usability), 정보성(informativeness)과 같은 설명의 특성이 이해와 깊은 관련이 있다. 설명이 지나치게 기술적이거나 복잡하면 사용성이 떨어지게 되고, 설명이 필요한 정보를 선별해서 제공하지 못하고 너무 많은 정보를 제공하면 정보성이 오히려 떨어지게 된다. 이런 경우 설명에 대한 이해가 저하된다.

사용자의 이해를 향상시키기 위한 기법

설명 가능 인공지능의 목적을 달성하기 위해 사용자의 이해는 중요한 요소다. 따라서 이 측면을 다루기 위한 다양한 기법들이 개발되었다.

가장 일반적으로 활용되는 접근법은 사용자의 이해 정도를 측정하는 것이다. 이를 위해 여러 방법과 지표가 활용되는데 이들을 크게 두 가지로 분류할 수 있다.

주관적 측정

이 접근은 사용자의 주관적인 경험과 생각을 조사하는 방법이다. 설문지, 포커스 그룹 인터뷰 등의 기법이 사용된다.

예를 들어 사용자의 이해 수준을 측정하기 위해 다음과 같은 설문 문항을 활용할 수 있다.

1. 이해도 측정(Comprehension Assessment)
"이 설명이 AI 모델의 결정을 이해하는 데 얼마나 도움이 되었습니까?"
선택지: 1) 매우 도움이 되었다, 2) 다소 도움이 되었다, 3) 별로 도움이 되지 않았다, 4) 전혀 도움이 되지 않았다.

2. 정보 충분성 평가(Sufficiency of Information)
"이 설명이 제공한 정보의 양은 충분했습니까?"
선택지: 1) 매우 충분했다, 2) 어느 정도 충분했다, 3) 부족했다, 4) 매우 부족했다.

3. 신뢰 형성 평가(Trust Assessment)
"이 설명이 AI 모델의 결과를 신뢰하는 데 얼마나 영향을 미쳤습니까?"
선택지: 1) 매우 신뢰가 생겼다, 2) 다소 신뢰가 생겼다, 3) 거의 영향을 미치지 않았다, 4) 신뢰가 감소했다.

4. 사용성 및 직관성 평가(Usability and Intuitiveness)
"설명이 직관적이고 이해하기 쉬웠습니까?"
선택지: 1) 매우 그렇다, 2) 어느 정도 그렇다, 3) 별로 그렇지 않다, 4) 전혀 그렇지 않다.

이런 식으로 리커트(Likert) 척도를 사용하여 사용자의 응답을 수집하고 분석함으로써 설명 모델의 평가가 가능하다(Hoffman, et al. 2019). 이 방식을 A/B 테스트 같은 방법론과 결합하여 설명 모델을 최적화할 수 있다. 보통 이 기법은 여러 종류의 설명 모형을 피험자에게 보여주고 각각을 평가하도록 하는 방식으로 진행된다. 평가 점수의 비교를 통해 여러 설명 모형의 장단점과 선호도를 파악하는 것이 가능하며 최적의 설명 모델을 설계하기 위한 유용한 데이터를 얻을 수 있다.

그러나 이 방법은 비교에는 유용하지만 개인의 주관적 선호에 크게 의존하며 다양한 요소에 영향을 받는다. 그렇기 때문에 결과의 해석이 어렵고 일관성이 부족할 수 있다. 그런 경우에는 객관적인 측정 방법이 대안이 된다.

객관적 측정

객관적 측정은 실제 행동이나 결과를 기반으로 설명의 효과를 평가하는 방식이다. 이 기법은 외부에서 직접 관찰이 가능한 행동 지표를 바탕으로 하기 때문에 주관적 평가보다 신빙성이 높다. 여기서 사용되는 행동 지표에는 사용자 예측 정확도(Accuracy of User Predictions), 응답 시간(Response Times), 오류 탐지율(Error Detection Rates) 등이 사용된다.

김빈과 동료들(Kim, et al. 2016)의 연구를 사례로 행동 지표가 어떻게 설명의 평가에 활용되는지 살펴보자. 이 연구는 예제(Prototype) 설명 모델과 MMD-critic 설명 모델의 효과를 비교하기 위해 사용자 연구를 수행했다. 연구진은 피험자에게 다음과 같은 네 가지 조건의 설명을 제공했다: 1) 원본 데이터, 2) 예제 설명, 3) MMD-critic 설명, 4) 무작위. 이어서 각 조건의 피험자들은 특정 입력에 대해서 AI가 내놓을 답변을 예측하는 테스트를 받았다. 그 결과, 예측 정확도에서 MMD-critic 조건이 가장 높았으며 응답 시간 또한 가장 우수한 것으로 나타났다.

사용자가 대상 AI가 내놓을 결과를 정확히 예측했다는 것은 AI의 작동 원리를 잘 파악했다는 것으로 해석될 수 있다. 또한 응답 시간이 빨랐다는 것은 설명이 사용자에게 직관적이고 이해하기 쉬웠다는 것을 의미한다. 이처럼 객관적인 측정 방법을 활용해서 설명 가능 인공지능 모델의 효과를 정량적으로 평가할 수 있다.

사용자 맞춤형 설명을 위한 도전

이런 분석 데이터를 바탕으로 사용자 맞춤형 설명 모델

을 디자인함으로써 설명 가능 인공지능은 사용자에게 더욱 유익하고 효과적인 도구로 발전할 수 있다. 그러나 관련 연구는 이제 시작 단계라고 볼 수 있다. 사용자 맞춤형 설명 모델을 설계하고 이를 평가하기 위한 객관적이고 체계적인 방법론을 만들기 위해 해결해야 할 과제가 많다.

특히 다양한 사용자 그룹의 특성과 요구를 반영하기 위해서는 정교한 데이터 수집 및 분석 프레임워크가 필요하다. 예를 들어 사용자의 지식수준, 배경, 의사 결정 환경 등을 정량적으로 측정하고 이를 기반으로 설명 방식을 조정하는 메커니즘은 아직 연구가 부족하다. 설명 도메인의 특수성을 고려한 맞춤형 설계가 필요한데 이는 현재 개별 연구에서 다루고 있는 범위를 넘어서는 범용적이고 확장 가능한 접근법을 개발해야 하는 과제를 안고 있다.

이와 함께 설명 가능 인공지능의 표준화와 평가 지표를 정립하는 것도 중요하다. 서로 다른 설명 모델이 동일한 AI 시스템에 대해 얼마나 효과적으로 사용자 이해를 돕는지 비교하기 위해서는 공통의 기준과 방법론이 필요하다. 따라서 향후 연구는 초기 단계를 넘어 다양한 사용자와 상황에 맞는 최적화된 설명 설계를 지원하는 다차원적이고 통합적인 프레임워크를 개발하는 방향으로 나아갈 것이다.

참고문헌

Chazette, L. & Schneider, K.(2020). Explainability as a non-functional requirement: challenges and recommendations. *Requirements Engineering*, 25(4), pp.493-514.

Hoffman, R. R., et al.(2018). Metrics for explainable AI: Challenges and prospects. arXiv:1812.04608.

Kim, B., et al.(2016). Examples are not enough, learn to criticize! criticism for nterpretability. *In procedings of Advances in neural information processing systems*, p.29.

09
사회를 위한 설명 가능 인공지능

AI의 역할이 확장됨에 따라, 기술적 투명성을 넘어 사회적 투명성의 중요성이 점점 커지고 있다. 이 장에서는 관련된 주요 연구와 실제 사례를 살펴보고 설명 가능 인공지능이 설명적 투명성을 위해 어떻게 기여할 수 있는지 논의해보자.

AI와 화장품?

사회적 투명성

지금까지 AI 모델의 내부 작동 원리나 기능을 설명하는 설명 가능 인공지능의 역할에 주목하여 살펴보았다. 설명 가능 인공지능은 AI 시스템이 어떻게 작동하고, 왜 특정 결정을 내렸는지에 대한 기술적 설명을 제공함으로써 사용자 이해와 신뢰를 증진하는 중요한 도구로 자리 잡았다.

그러나 최근 AI 시스템의 사회적 영향력이 커지면서 단순히 기술적인 투명성만으로는 충분하지 않다는 목소리가 커지고 있다. AI의 의사결정이 우리의 일상과 사회에 미치는 영향을 고려할 때 AI가 내리는 판단이 공정하고 책임감 있게 이루어지는지를 검증하는 사회적 투명성(Social Transparency)의 필요성이 대두되고 있다.

사회적 투명성은 단순히 "왜 이런 결정을 내렸는가?"라는 질문을 넘어 다음과 같은 주제를 다룬다.

사회적 투명성의 주요 요소:

· 공정성(Fairness): AI 시스템이 인종, 성별, 나이, 출신 등과 같은 요인으로 인해 편향되지 않도록 보장.

· 책임성(Accountability): AI 시스템의 결정에 대해 누가 어떤 부분에 책임을 지는지 명확히 규정.

· 윤리적 고려(Ethical Consideration): AI 시스템이 윤리적 기준을 준수하는지 점검.

사회적 투명성을 실현하기 위해서는 AI 시스템이 의사결정 과정에서 어떤 사회적 가치와 규범을 따르고 있는지 확인하고 이해관계자들이 AI 시스템의 사회적 영향을 면밀히 검토할 수 있도록 돕는 수단이 요구된다. 이 역할에 있어 설명 가능 인공지능은 핵심적인 도구가 될 것이다.

이 장에서는 사회적 투명성과 관련된 주요 연구 주제와 실제 사례를 살펴보고 설명 가능 인공지능이 그를 위해 어떻게 기여할 수 있는지 논의해보자.

인종 차별을 막기 위한 설명 가능 인공지능 모델

사회적 영역에서 편향 감지와 공정성 평가는 설명 가능 인공지능에서 가장 활발히 연구되는 주제이다. 딥러닝 알고리즘의 편향은 학습된 모델이 특정 데이터 하위 집합에 대해 불균형적으로 가중치를 부여하거나 편견이나 선호를 나타내는 것이다. 이러한 편향은 채용, 대출, 형사 사법, 의료와 같은 민감한 응용 분야에서 사회적 차별로 이어질 수 있기 때문에 문제가 된다.

대표적인 사례로 Correctional Offender Management Profiling for Alternative Sanctions(COMPAS) 시스템을 둘러싼 논쟁을 살펴보자. COMPAS는 미국의 사법 당국이 재소자의 재범 가능성을 예측하기 위해 사용하고 있는 자동화 시스템이다. 이 시스템은 범죄학 데이터를 바탕으로 개발되었으며, 재소자에 관한 여러 정보를 입력하면 그에 대한 위험도를 수치로 출력한다. 미국의 일부 주들은 COMPAS를 재소자의 가석방 심사를 위한 참고 자료로 활용하고 있다. 그러나 이 시스템은 언론사 프로퍼블리카(ProPublica)의 조사로 인해 인종적 편향이 드러나며 논란의 중심에 섰다.

프로퍼블리카의 보고서(Angwin, et al., 2016)에 따르면 COMPAS는 흑인 피고인을 고위험군으로 잘못 분류할 가능성이 백인 피고인보다 2배 더 높았다. 그것은 흑인의 위험을 과대평가하고 백인의 위험을 과소평가하는 경향이 있음을 의미하기 때문에 이 시스템이 인종을 차별 한다는 의심을 불러일으켰다. 관련 논쟁은 현재 진행 중이지만 이 사건은 AI 알고리즘이 사회적 편견을 재생산하거나 강화할 가능성을 경고하는 계기가 되었다.

루딘(Cynthia Rudin)에 따르면 이와 같은 잠재적인 위험을 예방하는 데 설명 가능 인공지능이 중요한 역할을 할 수 있다(Rudin, 2019). 그녀는 COMPAS에 관한 논란이 이 시스템이 블랙박스라는 점에서 비롯되었다고 지적하고 대안으로 설명 가능 인공지능 모델인 CORELS(Certifiably Optimal Rule Lists)을 개발했다. CORELS는 규칙 기반 설명을 제공해주는 모델이며 알고리즘이 내린 결정에 대한 이유를 규칙 리스트로 제공한다. 예를 들어 "이전에 체포된 횟수가 2회 이상이고, 나이가 25세 미만이면 고위험군으로 분류"와 같은 설명을 결정과 함께 출력한다.

실제 판결 데이터를 이용한 모의 실험에서 CORELS는 COMPAS와 동등한 수준의 정확도를 보였다. 반면 CORELS는 COMPAS와 달리 의사결정 과정에 대한 설명을 제공하므로 사용자는 알고리즘이 왜 결정을 내렸는지 이해할 수 있다. 따라서 인종 차별에 대한 의심을 불식할 수 있다. 루딘의 말에 따르면 정확도가 동등한 투명한 모델이 존재하는데 굳이 불투명한 블랙박스 모델을 사용할 이유는 없다.

편향 감지와 공정성 평가를 위한 설명 가능 인공지능

CORELS는 AI 자체를 투명하게 설계한 모델, 즉 내재적 설명 모델이다. 그 외에도 사후적 설명 모델, 즉 평가를 위한 별도의 설명 가능 인공지능 모델을 개발하는 연구도 활발히 진행되고 있다.

그중 가장 주목받는 사례는 공정성 평가를 위한 범용 설명 가능 인공지능 플랫폼으로, 구글의 왓-이프 툴(What-If Tool), IBM의 AI Fairness 360(AIF360), Gamut, Aequitas 등이 개발되었다. 이 도구들의 특징은 다른 AI 모델과 쉽게 연동 가능한 개방성을 가진다는 점에 있다. 예를 들어 구글의 왓-이프 툴은 AI 개발에 가장 많이 이용되는 라이브러리인 텐서플로(TensorFlow)로 개발된 AI 모델에 쉽게 연결 가능하도록 개발되었다. 자신이 개발한 AI 모델에 이 기능을 적용하고자 한다면 API를 통해 AI 모델의 데이터 세트와 Python 코드에 왓-이프 툴을 연동만하면 된다.

왓-이프 툴은 다양한 분석과 시각화 방법을 제공하여 AI 모델의 성능, 공정성, 편향 등을 심층적으로 평가할 수 있도록 지원한다(Wexler, et al. 2019). 이 플렛폼은 모델 예측의 공정성을 평가하기 위한 성능 패널과 공정성 패널이 제공하며, 이를 통해 인구 통계학적 균형(Demographic Parity) 및 기회 평등(Equal Opportunity)과 같은 공정성 메트릭을 쉽게 확인할 수 있다. 또한 반사실적 분석(Counterfactual Analysis)을 통해 입력 데이터의 특정 속성을 변경했을 때 모델 출력이 어떻게 변화하는지를 직관적으로 검증할 수 있다. 예를 들어 입력 데이터에서 '남성' 또는 '여성'과 관련된 데이터 포인트를 수정한 후 모델의 출력값 변화 여부를 분석하면 특정 성별에 대해 모델이 편향된 예측을 하는지 여부를 확인할 수 있다.

이와 같은 범용 모델 외에도 영역 특화(Domain-specific) 설명 가능 인공지능 모델도 활발히 개발되고 있다. 영역 특화 모델은 특정한 AI를 위해 설계된 모델로 종류가 많기 때문에 여기서 모두 다룰 수는 없다. 그러나 거대 언어 모델(LLM, Large Language Model)에 대해 개발된 설명 모델을 사례로 이 방향의 연구가 어떻게 진행되고 있는지 알아보자.

거대 언어 모델(예: GPT, LLaMA)은 방대한 양의 데이터를 학습하여 자연어 생성, 번역, 요약 등의 다양한 작업을 수행하지만 내부 작동 원리는 여전히 블랙박스에 가깝다. 따라서 LLM의 잠재적인 윤리적 위험은 매우 크다고 할 수 있다. 이에 대한 대응으로 가장 활발히 연구되는 주제 중 하나는 혐오 발언(Hate Speech), 즉 소수 집단에 대한 편향된 언어 생성을 감지하고 교정하는 것이다. 이것은 사회적으로 중요한 이슈일 뿐만 아니라 이미 마이크로소프트(Microsoft)의 챗봇 테이(Tay)가 큰 물의를 일으킨 적이 있다.

2016년, 마이크로소프트는 트위터 사용자들과 대화를 통해 스스로 학습하는 AI 챗봇 테이를 출시하였다. 그러나 테이는 짧은 시간 내에 사용자들이 입력한 인종차별적이고 성차별적인 표현을 그대로 학습하며 부적절한 발언을 쏟아내 큰 논란을 불러일으켰다.

그러나 혐오 발언 감지는 간단한 문제가 아니다. 예를 들어, 특정 단어(예: "Muslim", "gay", "black")만을 감지하는 단순한 방법으로는 혐오 발언을 정확히 식별하기 어렵다. 이 같은 인종 식별자(Race Identifier) 단어라고 해도 단순한 지칭이나 묘사를 위해 사용될 수 있고 문화권에 따라 의미가 다르기 때문이다. 이 문제를 해결하기 위해 케네디 등(Kennedy, et al. 2020)이 개발한 표본 추출과 제거(Sampling and Occlusion) 알고리즘은 특정 문구가 제거되었을 때 결괏값의 변화를 계산하며 문맥 정보를 반영하도록 문구의 중요도를 정규화하는 방법을 채택했다. 이 알고리즘은 특정 단어에 덜 의존하며 더 일반적인 특징(예: 모욕적 언어, 비인간화 표현)에 초점을 두고 인종 관련 표현의 영향력을 계산한다. 다른 예로 발커(Balki r, et al. 2022)의 모델은 특성 귀속 점수(Feature Atribution Score)라는 편향 메트릭을 통해 특정 단어에 대한 편향성을 조사한다. 이를 통해서 특성 단어가 집단에 대해 차별성을 갖는지 검사할 수 있다. 이런 기법들은 차별에 대한 감시 뿐만 아니라 AI의 개발 과정에서 더 공정한 AI 모델을 만드는 데도 활용될 수 있다.

사회적 투명성을 위한 설명 가능 인공지능의 도전

장래에 이러한 설명 가능 인공지능 모델과 도구들은 AI 시스템이 사회적 영향을 미칠 가능성을 고려하고 투명성을 확보함으로써 AI의 책임 있는 사용을 촉진하는 데 중추적인 역할을 하게 될 것이다. 그러나 여전히 많은 도전 과제가 남아있다. 예를 들어 설명 가능성은 기술적 관점에서만 해결될 수 있는 문제가 아니라 사회적, 문화적, 윤리적 맥락에서의 이해와 조화가 필요하다. AI 모델의 공정성을 평가하는 기준은 국가나 문화에 따라 다를 수 있으며 모든 맥락에서 일괄적으로 적용 가능한 솔루션을 개발하기는 어렵다. 이런 문제들을 해결해나가는 것이 설명 가능 인공지능에 앞에 놓인 핵심적인 과제다.

참고문헌

Angwin, J., et al.(2016). Machine bias. https://www.propublica.org/article/machine-bias-risk-assessments-in-criminal-sentencing.

Balkir, E., et al.(2022). Necessity and sufficiency for explaining text classifiers: A case study in hate speech detection. arXiv:2205.03302.

Kennedy, B., et al.(2020). Contextualizing hate speech classifiers with post-hoc explanation. arXiv:2005.02439.

Rudin, C.(2019). Stop explaining black box machine learning models for high stakes decisions and use interpretable models instead. *Nature machine intelligence*, 1(5), pp.206-215.

Wexler, J., et al.(2019). The what-if tool: Interactive probing of machine learning models. *IEEE transactions on visualization and computer graphics*, 26(1), pp.56-65.

10
설명 가능 인공지능의 도전과 미래

지금까지 우리는 설명 가능 인공지능 기술의 탄생 배경과 이 기술이 AI의 신뢰성과 안전성을 확보하는 데 어떻게 기여하고 있는지에 대해 살펴보았다. 그러나 설명 가능 인공지능은 여전히 발전 단계에 있으며 실질적인 역할을 수행하기 위해서는 해결해야 할 과제들이 많이 남아있다. 이 장에서는 설명 가능 인공지능이 직면한 남은 과제들에 대해 살펴볼 것이다. 이를 통해 앞으로 기술이 나아가야 할 발전 방향 또한 조망해볼 수 있을 것이다.

종교와 AI?

설명 모델의 품질 평가와 표준화

앞서 살펴본 것처럼 다양한 설명 가능 인공지능 알고리즘이 있고 각각 고유한 장점과 단점을 가지고 있다. 따라서 설명 모델의 품질을 객관적으로 평가하고 이를 표준화하는 작업은 설명 가능 인공지능의 발전에 있어 중요한 과제이다. 현재의 평가는 주관적인 경우가 많아 신뢰성과 활용도를 높이기 위해 정량적이고 표준화된 평가 체계가 필요하다.

도시벨레즈와 김 빈(Doshi-Velez & Kim, 2017)이 이를 위한 기초 연구를 수행했다. 이들은 목적에 따라 세 가지 평가 방식이 구분됨을 밝혔다.

설명 가능 인공지능 평가 방식

1) 기능 중심 평가(Functionally-grounded evaluation): 모델 설명을 데이터 및 알고리즘 기반의 정량적 지표로 평가하는 방식이다.

2) 인간 중심 평가(Human-grounded evaluation): 일반 사용자가 설명의 유용성과 직관성을 평가하도록 설계된 방식이다.

3) 응용 중심 평가(Application-grounded evaluation): 전문가가 실제 환경에서 설명의 실효성을 검토하는 데 초점을

맞춘 방식이다.

어떤 평가 방식이 적합한지 여부는 평가의 목적과 상황적 맥락에 크게 좌우된다. 따라서 다양한 요소를 종합적으로 고려할 수 있는 적절한 평가 프레임워크의 개발이 필요하다.

이를 위하여 개발된 도구로는 Explainability Fact Sheets(EFS)와 Model Card 등이 있다. 소콜과 플레치(Sokol & Flach, 2020)가 개발한 EFS를 예로 들면 이것은 다섯 가지 차원으로 구분된 평가 항목을 가지고 있다. 이 다섯 개의 차원은 기능적 요구사항, 운영적 요구사항, 사용성, 안전성, 그리고 검증 절차 등이며 EFS는 각각의 차원 별로 평가를 진행하기 위한 가이드라인을 제공한다.

또한 설명 모델의 평가를 위해 필수적인 표준화 작업 또한 진행 중이다. 설명가능 인공지능 기술의 표준화는 ISO(International Organization for Standardization), IEEE(Institute of Electrical and Electronics Engineers) 등의 단체가 주도하고 있다. 예를 들어 IEEE의 P7000 시리즈는 인공지능 시스템의 안전과 윤리적 측면을 다루는 일련의 표준으로 설명 가능성이 중요한 요소로 포함되어 있다. IEEE P7001은 투명한 시스템을 위한 요구사항, 설명 제공 방식, 검증 및 평가 절차 등을 포함하는 자동화 시스템의 투명성을 위한 가이드라인이다. 국제 표준화 기구인 ISO도 ISO/IEC DTS 6254와 같은 표준을 준비 중이다. 표준화 작업은 실제 시스템 설계 및 평가에 적용 가능한 구체적인 방법론과 벤치마크를 마련하는 데 초점을 맞추고 있다. 앞으로 세부적인 표준이 마련되면 설명 가능 인공지능의 활용 가능성은 크게 확대될 것이며 다양한 산업과 응용 분야에서 투명성과 신뢰성을 보장하는 기반을 제공할 것으로 기대된다.

표준화에 기여할 것으로 보이는 또 다른 유망한 접근은 범용 설명 플랫폼(Generalized Explanation Platform)을 개발하는 것이다. 앞서 언급된 What-If Tool, Fairness 360 등이 여기에 포함된다. 이런 정형화된 설명 플랫폼은 표준화뿐만 아니라 개발 비용의 절감에도 기여할 수 있다. 기업들이 개별적으로 설명 모델을 개발하는 대신 범용 플랫폼을 활용하면 개발 및 유지보수 비용을 대폭 줄일 수 있기 때문이다. 이들 범용 플랫폼은 모듈형(Multi-Purpose) 및 적응형(Adaptive) 설계를 제공하여 필요에 따라 설명을 구성할 수 있도록 한다. 장래 범용 설명 플랫폼이 상용화되면 설명 기법의 표준화와 실용화를 이끄는 촉매제 역할을 할 뿐만 아니라 다양한 분야에서 설명 가능 인공지능의 채택을 가속화할 것이다.

사용자 맞춤 설명과 다른 분야와의 협력

사용자를 고려하여 적합한 설명 모델을 설계하는 것은 AI의 작동 과정을 사용자에게 이해시킨다는 설명 가능 인공지능의 핵심 목표와 맞닿아 있는 중요한 과업이다. 그럼에도 불구하고 이 주제의 연구는 초기 단계라고 할 수 있다. 대부분의 설명 모델은 여전히 개발자의 직관에 크게 의존하고 있으며 사용자의 지식이나 사용 목적, 요구사항 등을 반영한 맞춤형 설명 기법은 장래의 과제로 남아 있다(Miller, 2019).

인간-컴퓨터 상호작용(Human-Computer Interaction, HCI) 분야의 연구와 설명 가능 인공지능 분야를 비교해 보면 사용자 중심 접근의 필요성과 이점이 명확히 드러난다. HCI는 기술 중심적이고 기능적 요구사항에 초점을 두는 전통적인 디자인 방법론을 비판하며 제안된 사용자 중심 디자인 방법론이다(Seffah, et al. 2005). HCI의 관점에서 보면 현재의 설명 가능 인공지능 기술은 여전히 전통적인 설계 방식에 머무르고 있다. 사용자에 대한 고려 부족은 결국 설명의 유효성을 저하시킬 뿐만 아니라 오해의 가능성을 증가시킬 위험을 안고 있다. 이와 같은 난점을 극복하기 위해 설명 모델을 독자적으로 연구하는 방법도 있겠지만 가장 좋은 전략은 다른 분야와의 협력을 도모하는 것이다.

예를 들어 HCI, 사회심리학, 인간 커뮤니케이션 등의 분야는 이미 사용자 중심 설계, 인간 행동, 정보 전달과 같은 관련 주제를 수십 년 동안 연구해왔다. 이러한 분야에서 축적된 연구는 사용자 친화적인 설명 모델을 개발하는 데 활용할 수 있는 지식의 보고다. 그러나 설명 가능 인공지능 학계와 현재 다른 분야의 협력은 활발하지 않다. 분야 간 협력을 활성화하기 위해서는 설명 가능 인공지능 연구 커뮤니티의 기술중심주의적인 문화를 개선하고 타 분야 전문가들과 공동 연구를 추진하기 위한 학술적 · 산업적 커뮤니티를 구축할 필요가 있다.

사용자 참여 설계

최근 AI 설계에서 관심을 받는 개발 방법 중 하나가 바로 참여형 설계 원칙(Participatory Design Principle), HCAI(Human-Centered AI), 또는 "human-in-the-loop"로 불리는 방식이다(Shneiderman, 2022). 이 방식의 특징은 AI 설계 과정에 사용자의 적극적인 참여를 장려한다는 점이다. 이를 통해 사용자는 단순히 시스템의 수용자가 아니라 AI의 목표 설정, 의사결정 과정, 설명 방식 등에 직접 영향을 미치는 능동적인 역할을 수행하게 된다. 예를 들어 스탠퍼드(Stanford) 대학의 연구팀이 개발한 WeBuildAI 프레임워크는 기부자, 자원봉사자, 시스템 운영자 등 다양한 이해관계자의 의견을 AI 설계 과정 전반에 걸쳐 반영하도록 설계되었다(Lee, et al. 2019). 이를 실제 식품 기부 시스템(412 Food Rescue)에 적용한 결과, AI 시스템에 대한 신뢰가 증가했으며 AI가 지역사회 가치와 요구에 부합하는 방식으로 운영됨이 확인되었다.

이와 같은 참여적 설계는 설명 가능 인공지능이 직면한 도전을 해결하는 데 기여할 수 있다. 특히 사회적, 문화적, 윤리적 맥락과 같은 사회적 고려 사항을 설명 모델에 반영하는 데 유용한 방법론이 될 수 있다. 이러한 요소들은 국가나 문화권에 따라 특수성을 가지므로 일괄적으로 해결책을 찾기는 어렵다. 그러나 개발 과정에 이해관계자를 적극적으로 참여시키면 시스템에 다양한 관점과 사회적 요구를 반영하는 것이 가능해진다.

이와 같은 참여적 설계 방식은 일반 AI 개발에서는 많은 관심을 받고 있다. 그러나 설명 가능 인공지능에 대해서는 아직 제한적으로만 적용되고 있는 실정이다. 앞으로 사용자의 참여 연구가 활성화되면 설명의 효과 뿐만 아니라 설명 가능 인공지능의 사회적 이슈에 대한 효용성도 증가하게 될 것이다.

설명 가능 인공지능의 미래와 과제

지금까지 현대 AI의 블랙박스 문제가 야기하는 문제를 해결하기 위한 대안으로 설명 가능 인공지능 기술이 제시하는 해결 방안을 논의했다. AI 기술이 발전하면서 복잡성과 함께 불투명성이 증가하고 있으며 이는 기술적, 사회적, 윤리적 차원에서 중요한 도전 과제가 되고 있다.

이러한 배경에서 설명 가능 인공지능의 필요성이 강조되며 이를 실현하기 위해 다양한 기법이 연구되고 있다. 그러나 설명 가능 인공지능은 여전히 기술 발전의 초기 단계에 해당하며 해결해야 할 과제가 많다. 현 시점에서는 설명 모델의 품질 평가와 표준화 작업이 진행되고 있지만 아직까지 확립된 기준이 부족하다. 또한 기술 중심적 연구에서 벗어나 타 학문과의 협력이 더욱 활성화될 필요가 있다. 특히 국가별, 문화별 차이를 반영할 수 있도록 설명 가능 인공지능 시스템의 유연한 설계가 이루어져야 한다.

우리가 살펴본 바와 같이 설명 가능 인공지능의 궁극적인 목표는 AI 시스템이 단순히 높은 성능을 보이는 것을 넘어 인간이 이해하고 신뢰할 수 있는 방식으로 작동하도록 하는 것이다. 장래 설명 가능 인공지능 기술이 더욱 발전하고 보편화된다면 AI의 안전한 사용이 보장되고 AI를 신뢰할 수 있는 미래 사회를 위한 기술적 기반이 마련될 것이다.

참고문헌

Doshi-Velez, F. & Kim, B.(2017). Towards a rigorous science of interpretable machine learning. arXiv:1702.08608.

Lee, MK., et al.(2019). WeBuildAI: participatory framework for algorithmic governance. *Proceedings of the ACM on human-computer interaction*, 3, pp.1-35.

Miller, T.(2019). Explanation in artificial intelligence: Insights from the social sciences. *Artificial intelligence*, 267, pp.1-38.

Seffah, A., et al.(2005). An introduction to human-centered software engineering. In: Seffah A, Gulliksen J, Desmarais MC. (eds) *Human-centered software engineering — integrating usability in the software development lifecycle.* ordrecht, Netherlands: Springer, 3-14.pp.

Shneiderman B.(2022). *Human-centered AI.* Oxford, United Kingdom: Oxford University Press.

Sokol, K. & Flach, P.(2020). Explainability fact sheets: A framework for systematic assessment of explainable approaches. *In Proceedings of the 2020 conference on fairness, accountability, and transparency*, pp.56–67.

전진권

명지대학교 방목기초교육대학 부교수다. 서울대학교 과학학과에서 과학철학으로 박사 학위를 받았다. 고등과학원 초학제 연구단 '인공지능: 과학, 역사, 철학'에서 인공지능의 사회적 책임에 대해 연구했다(2017~2018). 저서로 『융합이란 무엇인가: 융합의 과거에서 미래를 성찰한다』(2012), 역서로 『신경 윤리학이란 무엇인가: 뇌과학 인간 윤리의 무게를 재다』(2011) 등이 있다. "형질 집단 선택론의 관점 다원주의에 대한 비판"(2017), "계량서지학을 통한 종교와 과학 연구 동향 분석"(2023), "Three Research Strategies of Neuroscience and the Future of Legal Imaging Evidence"(2018) 등의 논문을 썼다.